영업보고서로 보는

좋은회사 나쁜회사

영업보고서로 보는 좋은회사 나쁜회사

초   판 1쇄 발행 2005년 12월 26일
개정2판 1쇄 발행 2016년 4월 22일

지 은 이 하상주
펴 낸 이 이윤희
펴 낸 곳 돈키호테

출판등록 제2005-000031호
주   소 03303 서울시 은평구 진관4로 48-8, 717-701
전   화 02-2649-1687
팩   스 02-2646-1686
이 메 일 jamoin@naver.com

ISBN 978-89-93771-12-1 03320

가치투자의 출발점

영업보고서로 보는 좋은회사 나쁜회사

● 하상주 지음 ●

5년만에 다시 개정판을 내게 되었습니다. 어떤 것은 새로 넣고 또 어떤 것은 없애기도 하였습니다. 오랫동안 재무 데이터를 가지고 회사 분석을 하다 보니 회사를 보는 눈이 조금씩 바뀌기도 합니다. 이런 결과물을 모두 이 책에 담도록 노력했습니다.

여러 곳에서 여러 번 한 말이지만 회사를 보는 지표 중에서 가장 중요한 것은 자본이익률입니다. 물론 이익은 무엇을 사용하고 자본은 무엇을 사용할 것인지에 대해서는 여러 가지 말들이 있습니다. 위험을 줄이려면 가장 보수적으로 접근하는 것이 좋습니다. 즉 이익은 작은 것을, 자본은 큰 것을 집어넣어서 계산하라는 의미입니다.

또한 이익의 질을 고려해야 합니다. 여기서 이익의 질이란 여러 가지 의미가 있지만 가장 중요한 것은 이익을 현금흐름과 비교하는 것입니다. 혹시 이익이 현금흐름보다 작다면 이 경우는 손익계산서에 나오는 이익이 아니라 현금흐름을 대신 사용하는 것도 한 가지 방법입니다. 우리는 이런 경우를 제3장 외국의 기업분석 사례에 들어간 미국 회사 아마존에서 잘 볼 수 있습니다.

자본이익률이 중요한 것은 자본을 사용하여 나오는 이익이 사용하는 자본의 비용보다는 더 많아야 하기 때문입니다. 그래야 회사는 영업을 통해 회사에 새로운 가치를 보탤 수 있게 됩니다. 만약 더 작다면 회사는 영업을 할수록 기존의 가치를 까먹게 되는 것입니다. 이런 경우 주가는 주주자본 아래로 떨어지게 됩니다.

특히 이번에 새로 들어간 항목은 총이익에서 나오는 영업이익의 비중이라는 지표와 투자현금과 매출증감액을 비교한 지표입니다. 필자는 재무지표를 통해서 회사에 일어난 변화를 가능한 한 빨리 알아채고 싶은 욕심이 있습니다. 이 두 지표는 이런 욕심을 어느 정도 만족시킨다고 생각합니다.

그리고 이번 개정판에는 사례분석에서 외국 회사들을 집어넣었습니다. 미국 기업을 중심으로 각국에서 시가총액이 높은 회사를 포함시켰습니다. 특히 미국 기업들은 재무구조와 수익구조가 안정적인 회사들이 많았습니다. 그리고 현금흐름이 아주 탄탄했습니다. 이것은 한국의 회사들을 보는 데 한 가지 기준이 될 수 있습니다.

필자의 이런 노력이 투자가들이 좋은 판단을 내리는 데 조금이라도 도움이 되었으면 좋겠습니다.

은평 상림마을에서

하상주

"귀하는 주식형 펀드에 편입하는 종목을 어떤 기준으로 선정합니까?"

"저희는 5년 이내에 두 배 이상 오를 수 있을 만큼 저평가되어 있다고 판단되는 종목을 고릅니다. 또한 시장에 투자하지 않고 기업에 투자합니다. 저희는 마켓 타이밍을 고려하지 않습니다. 우선 저희가 알 수 있는 기업의 주식만을 대상으로 합니다. 이들 기업을 열심히 분석하여 그 기업의 가치에 비해 주가가 저평가되어 있다고 생각되는 주식을 사놓고 제값을 받을 때까지 기다린다는 생각으로 투자합니다. 분석결과를 토대로 적정 주가를 계산한 후 5년 이내에 두 배 이상 오를 수 있다는 판단이 서면 투자를 결정합니다."

이상은 펀드를 소개하는 방송 프로그램에서 저와 외국계 자산운용사의 펀드매니저가 주고받은 이야기입니다. 단기 시황전망에 연연하지 않고 철저하게 기업을 분석하여 장기투자 해야 성공할 수 있다는 내용입니다.

짧은 우리나라 증시의 역사를 보나, 미국이나 일본 등 선진국의 사례를 보나 투자자들이 단기 시황전망을 근거로 투자하여 성공한 사례는 많지 않습니다. 미국의 1929년 대공황시기, 황금의 1960년대 후반, 일본의 1980년대 버블호황 말기와 1999~2000년의 IT 주가상승 시기가 그런 사례에 속합니다. 당시 미국과 일본의 투자자들은 단기 시황전망을 믿고 대량의 자금을 주식에 투자했다가 주가 급락으로 큰 피해를 입었습니다.

국내 투자자들도 이제는 마켓 타이밍에 따라 단기투자를 하기보다는 매력 있는 회사의 주식을 골라 장기투자 하는 자세가 필요한 때라고 생각합니다. 그런데 문제는 일반 투자자들이 재무제표를 읽고 기업분석을 한다는 게 말처럼 쉽지 않습니다. 우선 양이 방대하고 전문 용어를 이해하기도 어렵기 때문입니다.

이 책은 그런 의미에서 일반 투자자들이 기업분석을 하는 길잡이로 매우 유익한 내용을 담고 있습니다. 증권업계 애널리스트 1세대로서 20년 넘게 일해온 필자의 기업분석 경험이 알기 쉽게 소개되어 있기 때문입니다. 주식투자자는 물론 증권·금융업계 종사자, 기업에서 재무 또는 IR 업무를 담당하는 분들이 꼭 읽으셔야 할 책이라고 생각되어 적극 추천합니다.

강창희 _트러스톤연금교육포럼 대표

현대 사회에서 회사라는 조직체는 경제 활동의 핵심입니다. 회사가 경제적인 가치를 만들어내면 이 가치는 회사와 직간접으로 관련을 맺고 있는 사람들에게 흘러갑니다. 이런 과정을 통해서 한 나라의 경제가 성장하기도 하고 후퇴하기도 합니다.

회사는 경제적인 가치를 생산하기 위해 당연히 외부의 자금을 필요로 하고, 주식시장은 이 자금을 제공하는 중요한 기능을 맡고 있습니다. 투자가들은 주식시장에서 앞으로 성장 전망이 좋은 회사에 투자하고 싶어합니다. 즉 회사가 경제적 가치를 만들어내면, 주식투자를 통해서 그 가치의 일부를 나누어 갖고 싶어합니다.

모든 상장회사들은 주식시장에서 자신이 얼마의 값어치를 갖고 있는지 주가로서 평가받습니다. 기본적으로 이 주가는 그 회사가 앞으로 만들어낼 경제적인 가치와 깊이 연결되어 있습니다.

그러나 불행하게도 우리는 어느 회사가 미래에 얼마의 경제적인 가치를 만들어낼 것인지 확신할 수가 없습니다. 어느 정도 짐작을 한다고 해도 나의 짐작과 다른 사람의 짐작이 서로 다를 수 있고, 회사의 경제적인 가치와 주식시장의 주가가 시계의 톱니바퀴처럼 항상 맞물려서 돌아가는 것은 아닙니다. 그래서 때로는 주가가 경제적인 가치와 아무런 관련이 없이 움직이기도 하고, 때로는 경제적인 가치보다 더 높게, 때로는 더 낮게 움직일 수도 있습니다.

이처럼 미래와 관련된 일은 불확실한 경우가 많습니다. 인간 삶의 미래가 그러하고 한 국가의 미래가 그러하듯이 어느 기업의 미래도 마찬가지입니다. 그러나 미래가 무조건 불확실한 것만은 아닙니다. 우리는 보통 미래가 잘 보이지 않으면 과거를 되돌아봅니다. 과거가 미래에도 그대로 되풀이되는 것은 아니지만, 그래도 과거를 보는 것은 미래를 상상하는 데 큰 도움을 줍니다. 그리고 대부분의 경우, 미래의 일부는 이미 현재에 드러나 있습니다.

회사의 미래도 마찬가지입니다. 어느 회사의 과거와 현재를 알면 이것은 그 회사의 미래를 짐작하는 데 큰 도움을 줍니다. 다행히 우리는 그것을 알려주는 좋은 기록을 가지고 있습니다. 이것이 바로 영업보고서입니다.

영업보고서란 자동차의 운전 계기반이기도 하고, 환자의 상태를 알려주는 엑스레이이기도 합니다. 영업보고서란 회사의 과거와 현재의 상태를 알려주는 새로운 형태의 언어입니다. 그러므로 영업보고서를 보려면 이 언어를 읽을 줄 알아야 합니다. 자동차 운전 계기반을 보고 자동차의 상태를 파악할 수 있어야 하고, 엑스레이 기록을 보고 환자의 상태를 해석할 수 있어야 합니다.

이렇게 할 수만 있다면 할 줄 모르는 것보다 당연히 낫지 않겠습니까? 이렇게 좋은 무기가 있는데도 사람들은 주식시장이라는 전쟁터로 나갈 때 왜 맨손으로 나서는 것일까요? 이것을 할 수 있다면 할 수 없는 사람보다 90%는 더 유리합니다. 이 책은 여러분들이 영업보고서를 읽을 수 있도록 도와줄 것입니다. 어느 회사가 앞으로 경제적 가치를 꾸준히 그리고 안정적으로 만들어낼 것인지, 어느 회사가 오히려 경제적 가치를 까먹을 것인지를 짐작하도록 도와줄 것입니다.

이 책은 2부로 구성되어 있습니다. 제1부는 영업보고서의 구성원리를 아주 간단하게 설명하고 있습니다. 제2부에서는 한국 주요 50개 회사를 영업보고서를 사용해 사례분석을 했습니다. 이런 시도는 한국에서 처음입니다. 이 책은 이미 나온 저의 책《펀드보다 안전한 가치투자》(국일증권경제연구소, 현재는《하상주의 가치투자》로 개정됨)의 실전편이라고 할 수 있습니다. 그리고 부록으로 "외환위기 이후 한국 주요기업의 변화 유형"을 실었습니다.

끝으로 이 책에서 사용한 기초 수치를 제공해준 FnGuide의 이종승 상무께 감사를 드립니다.

2005년 가을의 문턱에서
하상주

차례

머리말 _5
추천하는 글 _7
초판 머리말 _9

 영업보고서 보는 법

좋은 회사 _17

좋은 회사를 찾아내는 방법 _19

영업보고서 보는 법 _22

　영업보고서의 세 가지 형태 _22

　영업보고서의 기본 원리 _25

　실제 거래를 보고서에 넣는 연습 _27

　영업보고서 해석을 도와주는 그림들 _36

　　순이익의 질 _37 | 주가와 재무지표 _39 | 매출액이익률 _40
　　자본이익률 _42 | 순이익과 현금흐름의 비교 _45
　　회사의 전체 모습 _50 | 자본의 배분 _53 | 투자액과 매출증가액 _57

영업보고서의 수정 _58

　자산의 수정 _58
　현금흐름표의 수정 _61

기업의 가치평가 _63

영업보고서를 해석할 때 주의할 점 _67

주요 용어 설명 _72

　　시가총액과 수정주가 _72 | 자산과 자본 _74 | 자본이익률 _76
　　자유현금흐름 _77 | 리스 _79 | 선수금 _81 | 영업권 _83

한국의 주요기업 사례분석

주의사항 _88

코스피 주요 10사

삼성전자 _89 ┃ 한국전력 _95 ┃ 현대차 _101 ┃ 현대모비스 _107
아모레퍼시픽 _113 ┃ LG화학 _118 ┃ SK하이닉스 _123 ┃ POSCO _129
LG생활건강 _134 ┃ KT&G _139

코스닥 주요 10사

셀트리온 _145 ┃ 동서 _153 ┃ CJ E&M _158 ┃ 메디톡스 _163
이오테크닉스 _168 ┃ 파라다이스 _174 ┃ 코오롱생명과학 _181
CJ오쇼핑 _186 ┃ SK머티리얼즈 _191 ┃ 오스템임플란트 _196

주목할 기업들

대성미생물 _202 ┃ 대한약품 _207 ┃ 동부하이텍 _212 ┃ 삼목에스폼 _218
에이스침대 _224 ┃ 이크레더블 _229 ┃ 코웨이 _235 ┃ 하이록코리아 _241
한샘 _246 ┃ DRB동일 _252 ┃ SJM _258

외국의 주요기업 사례분석

애플 _267 ┃ 마이크로소프트 _273 ┃ 존슨앤존슨 _279
아마존 _285 ┃ 페이스북 _290 ┃ 코카콜라 _295 ┃ 캐터필러 _300
페트로차이나 _305 ┃ 토요타자동차 _310 ┃ 타이완반도체 _315

제 **1** 장

—

영업보고서 보는 법

좋은 회사

좋은 회사란 어떤 회사를 말하는 것일까? 대답하는 사람의 관심과 주관에 따라서 여러 가지 대답이 나올 수 있겠지만 고객이 필요로 하는 것을 만들어주는 대가로 돈을 잘 버는 회사라고 말할 수 있을 것이다.

현대 사회에서 이제 회사라는 조직체는 사회 구성원들의 일상적인 생활 방식에 영향을 주는 가장 중요한 조직 형태가 되었다. 회사라는 조직체가 만들어진 후 사라지지 않고 계속 살아남아 있는 이유는 이런 조직 형태가 사회 속에서 하는 자기 역할이 있고, 또한 회사라는 조직 형태가 경제 가치를 만들어내는 데 가장 알맞은 형태로 진화하고 있기 때문일 것이다.

회사는 생산 자원을 결합하여 새로운 가치를 만들어서 그것을 가장 필요로 하는 사람에게 돈을 받고 전달하는 역할을 한다. 이 과정에서 회사들끼리 경쟁을 하므로 한편으로는 힘든 일도 일어나지만 한편으로는 사회가 필요로 하는 가치를 가장 효율적으로 만들어내기도 한다.

따라서 우리가 좋은 회사라고 말할 때는 사회가 필요로 하는 가치를 가장 적은 비용을 들여서 가장 잘 만들어내는 회사를 가리킨다. 그리고 당연히 이런 일을 잠시 하다가 그만두는 회사가 아니라 계속해서 잘할 수 있는 회사를 말한다. 우리는 이런 회사를 **오래가는 경쟁력을 가진 회사**라고 부른다.

영업보고서로 보는 좋은회사 나쁜회사

좋은 회사를 찾아내는 방법

투자가에게 중요한 것은 그런 좋은 회사를 찾아내는 것이다. 이 일은 쉬운 것 같으면서도 쉽지 않다. 쉽다는 것은 좋은 회사는 대부분 지금 장사를 잘하고 있고 그래서 돈도 잘 벌기 때문에 쉽게 찾아낼 수 있다. 쉽지 않다는 것은 좋은 회사라고 해서 반드시 지금 장사를 잘하고 있고 지금 돈을 잘 버는 것은 아니기 때문이다. 한 발 더 나아가면 경제적 가치를 많이 만들어내는 회사가 반드시 투자 대상으로서 좋은 회사인 것도 아니다.

경제에는 좋은 시절이 있고 나쁜 시절이 있다. 때로는 원유 가격이 올라가기도 하고 내려가기도 하고, 때로는 금리가 올라가기도 하고 내려가기도 하는 등 회사가 장사를 하는 데 영향을 주는 요소는 너무나 많다. 이것만이 아니다. 회사의 실적에 영향을 주는 것에는 외부 요소뿐만 아니라 내부 요소도 많이 작용한다. 어떤 회사가 이런 내외부 요소의 변화에도 불구하고 언제나 좋은 영업 실적을 만들어낼 수만은 없다. 때로는 힘든 시기도 있을 것이고, 때로는 저절로 웃음이 나오고 발걸음이 가벼워지는 좋은 시절도 있을 것이다.

우리가 어떤 대상, 특히 경제 현상에 접근하는 가장 일반적인 방법은 대상을 숫자로 바꾸어 보는 것이다. 회사의 경우도 마찬가지다. 특히 회사는 장사를 할 때 그 내용을 거의 대부분 화폐 단위로 기록한다. 일년 장사를 하고 나면 얼마나 장사를 잘했는지 알기 위해서 그 결과를 숫자로 정리한다. 이를 결산이라고 부른다. 일년 동안에 일어난 일을 기록하면 연간결산이고, 하루에 일어난 일을 기록하면 일일결산이다.

증권거래소와 코스닥 시장에 공개된 회사들은 분기별로 장사한 결과를 회사 외부 사람들에게 보고해야 한다. 이 서류를 사업보고서라고 한다. 사업보고서에 들어가는 내용에는 여러 가지가 있지만 요약하면 다음과 같다.

1 회사 개요와 회사 사업의 주요 내용
2 재무에 관한 사항
3 외부 감사인의 감사보고서

재무에 관한 사항에는 재무제표와 주석 사항이 있고, 재무제표에는 우리가 자주 듣는 **재무상태표, 손익계산서,** 그리고 **현금흐름표**가 있다. 이 책에서는 이 세 가지를 합쳐서 **영업보고서**라고 부르기로 한다.

경제 현상을 숫자로 접근하는 것은 이해하기는 편하지만 여기에 너무 빠져 버리면 오히려 대상을 오해할 수도 있다. 그 이유는 어떤 대상이 가진 성질이 모두 숫자로 나타나지는 않기 때문이다. 또한 숫자로 나타낼 수 있다고 해도 정확하게 담아내지 못할 수도 있다. 또는 회사의 경영자가 마음을 나쁘게 먹으면 숫자를 조작해 회사의 실제 상황을 속일 수도 있다. 그러므로 어떤 대상을 숫자로 나타낼 때는 항상 질적인 측면을 생각하고 이것으로 숫자가 지닌 한계를 보완해야 한다.

결국 좋은 회사를 찾아 떠나는 여행길에는 크게 두 가지가 있다. 하나는 숫자로 잡힌 회사의 모습을 보고서 잡히지 않는 부분까지 상상하는 것이고, 다른 하나는 숫자로 잡히지 않는 회사의 모습을 보고서 이미 나타난 숫자를 수정하는 일이다. 앞의 방법을 가장 잘 도와주는 것이 바로 영업보고서이다. 투자가를 도와주는 이런 좋은 동반자가 있는데도 불구하고 거의 대부분의 투자가들이 이것을 이용하지 않는다.

또 하나의 길인 숫자에 잡히지 않는 회사의 모습은 어쩌면 숫자가 나타내는 모습보다 더 중요할지 모른다. 이것은 이 책에서는 다루지 않지만 경쟁력이라고 불러도 좋다.

회사의 모습을 숫자로 드러내는 **영업보고서**와 숫자로 드러내기 힘든 **경쟁력**의 관계는 오해하면 서로 물과 기름처럼 상극의 관계로 받아들일 수 있다. 그러나 사실 이 둘은 같은 현상을 서로 다르게 드러낼 뿐이다. 그러므로 뛰어난 투자가는 영업보고서의 숫자를 보고 회사의 경쟁력을 짐작할 수 있어야 하고, 회사의 경쟁력을 보고 영업보고서에 나올 숫자를 어림잡을 수 있는 정도가 되어야 한다.

영업보고서 보는 법

회사의 영업보고서를 보고 투자를 하면 보지 않는 사람보다 90%는 더 유리하다. 여기서 90%란 상징적인 의미이다. 주석 사항까지 읽어 보고 투자하면 그렇지 않은 사람보다 95%는 더 유리하다. 그런데 생각 외로 영업보고서를 보는 것에 힘들어하는 사람들이 많다. 영업보고서를 설명하는 책이나 자료를 읽을 때는 이해가 되는데, 실제 숫자를 보고 해석하려고 하면 그 순간 바로 머리가 멍해진다고 말하는 사람들이 많다.

영업보고서의
세 가지 형태

먼저 영업보고서에는 세 가지 보고서가 있다는 사실에서부터 출발하

자. 왜 한 회사의 장사 보고서가 한 가지가 아니고 세 가지나 되는 것일까? 일부러 사람들을 괴롭히려고 그렇게 있는 것인가? 아니다. 이것은 한 가지 보고서만으로는 회사가 지금 어떤 상태에 있는지, 얼마나 장사를 잘하고 있는지를 제대로 담아내지 못하기 때문이다.

예를 들어서 설명해 보자. 어느 해 여름, 비가 많이 와서 한강물이 불어났다. 밤 11시 현재 물의 높이가 110미터이다. 한 시간 전에는 100미터였다. 밤 10시 현재 물의 높이가 100미터였고, 밤 11시 현재는 물의 높이가 110미터라는 것을 알려주는 것이 **재무상태표**이다. 즉 일정한 순간에 **잔액**stock이 얼마인지를 알려 준다. 그러면 지난 한 시간 동안 한강으로 물이 얼마나 흘러 들어왔으며, 서해 바다로 얼마나 빠져나갔을까?

밤 11시의 재무상태표와 밤 10시의 재무상태표를 비교하면 지난 한 시간 동안 물이 10미터 불어났다는 것은 알 수 있다. 그렇지만 지난 한 시간 동안 물이 얼마나 들어왔으며, 얼마나 빠져나갔는지는 알 수가 없다. 20미터 들어오고 10미터 빠져나가서 10미터 늘어났을 수도 있고, 30미터 들어오고 20미터 빠져나가서 10미터가 늘어났을 수도 있다. 재무상태표로는 이것을 절대로 알 수가 없다. 이것을 알려면 어떻게 해야 하나? 또 다른 보고서가 필요하다. 그래서 나온 것이 **손익계산서**이다. 즉 일정한 시간 동안에 일어난 **변화**flow를 담아낸다.

그러면 이것으로 된 것일까? **현금흐름표**란 또 무엇인가? 이것도 손익계산서와 마찬가지로 일정한 기간에 일어난 변화를 담아낸다. 지난 한 시간 동안 한강으로 물이 20미터 들어오고 서해로 10미터 빠져나갔다고 하자. 그렇지만 사실 더 따져 보면 들어오고 나간 것이 모두 물은 아니다. 예가 적절할지 모르지만 여기에는 모래도 있고, 나무도 있고, 플라스틱 제품도 있고, 어쩌면 돼지도 몇 마리 있을지 모를 일이다. 홍수 피해 상황을 보고받던 어느 괴팍한 장관이 이런 것을 제외하고 순전히 물만 얼마나 들어오고 빠져나갔는지 알고 싶어할 수 있다. 이럴 경우 물의 유입과 유출만을 알려주는 보고서가 또 따로 필요하다. 바로 물의 흐름을 현금으로 바꾸면 **현금흐름표**가 된다.

이제 지금까지의 예를 회사 장사에 가깝게 가져가 보자. 돈 100을 가지고 일년 동안 장사를 한다. 90을 주고 물건을 사와 100을 받고 팔아서 10의 이익을 보았다고 하자. 그러면 먼저 **손익계산서**에는 90을 비용으로 하여 100을 팔아서 10을 남겼다는 일년 장사의 내용을 기록한다. 일년 장사를 하여 10의 이익을 냈으므로 일년이 지난 지금 나의 전체 자산은 일년 전 100에서 이제는 110이 된다. 즉 지금 나의 자산은 110이다. 이것은 **재무상태표**에 기록한다.

그러면 **현금흐름표**는? 내가 100을 팔았는데 모두 현금을 받고 판 것은 아니다. 이 중 10은 외상으로 팔았다고 하자. 그러면 일년 장사를 하여 번 이익은 10인데 내 손에 새로 들어온 현금은 얼마인가? 새로 늘어난 현금은 없다. 매출 100을 하여 현금이 90 들어왔지만, 매출 100을 위해 원재료 구입에 들어간 현금도 90이다. 매출 100으로 순이익이 10 생겼지만 현금을 기준으로 보면 새로 늘어난 현금은 전혀 없다. 즉 손익계산서에 나오는 순이익이 반드시 현금 이익은 아니다. 그래서 현금흐름표가 필요한 것이다. 때로는 순이익에서 흑자를 내고도 현금이 없어서 부도를 내는 회사도 있다. 이것을 흑자도산이라고 한다. 현금흐름표에 대해서는 곧 자세히 살펴볼 것이다.

영업보고서의
기본 원리

영업보고서에 접근하는 방법은 크게 두 가지다. 하나는 밑에서부터 접근하는 것이고 다른 하나는 위에서부터 접근하는 것이다. 여기서 밑에서부터 접근한다는 말은 회사에 일어난 개별 사건(거래)을 기록하고, 이것을 모두 모아서 영업보고서를 완성하는 과정을 밟아가는 것이다. 이와 달리 이 책에서는 위에서부터 다가갈 것인데, 이는 영업보고서의 전체 구성 원리를 이해한 뒤에 개별 거래는 중요한 것만 살펴보는 것이다.

지금부터 영업보고서의 구성 원리를 한눈에 꿰뚫는 작업을 할 것이다. 이를 위해서 한 장의 종이와 연필이 필요하다. 흰 종이 가운데를 가로 세로로 금을 그어 4개의 방으로 만든다. 그러면 다음 그림처럼 위층의 양쪽에 두 개의 방이 나오고 아래층에 두 개의 방이 나와서 모두 4개의 방이 만들어진다.

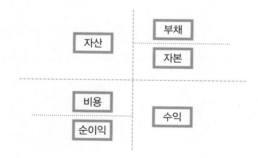

위층의 왼쪽 방에는 자산이라는 방 이름을 붙이고, 오른쪽 방은 다시 두 개로 나누어 위에는 부채, 아래에는 자본이라는 이름을 붙인다. 그리고 아래층은 오른쪽 방은 수익(*매출)이라고 하고, 왼쪽은 다시 두 개의 작은 방으로 나누어 위는 비용, 아래는 순이익 또는 순손실이라는 이름을 붙인다.

사람(*거래)들이 이 집에 와서 살려면 다음의 세 가지 규칙을 지켜야 한다.

첫째 규칙은 왼쪽 방과 오른쪽 방의 크기는 언제나 똑 같다.

즉 자산＝부채＋자본이고, 수익＝비용＋순이익이다.

둘째는 위층에는 주인이 살고, 아래층에는 전세 든 사람이 산다. 위층은 **재무상태표**이고, 아래층은 **손익계산서**이다. 아래층은 세 든 사람이 1년 살고 나가고 새로운 사람이 들어온다. 과거에 사용하던 물건은 모두 내가고 방을 수리하여 새 물건이 들어온다. 즉 세 든 사람이 바뀔 때마다(*회계 기간이 바뀔 때마다) 깨끗한 상태에서 다시 시작한다. 그러나 위층인 재무상태표는 새로 시작하는 게 없다. 주인은 계속 과거의 물건을 가지고 그 집에서 살아야 한다. 그 집에서 살기 싫으면 부수는 수밖에 없다(*청산). 때로는 합병을 하거나 분할을 하여 잘못된 과거의 흔적을 약간 감출 수도 있다. 가끔은 나쁜 마음을 먹은 사람들이 이런 짓을 하기도 한다.

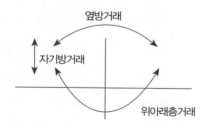

[거래의 3가지 유형]

셋째 원리는 회사에서 일어나는 거래에는 몇 가지 유형이 있다. 어떤 거래는 집 주인이 사는 하나의 방에서만 일어나고(*자기방 거래), 어떤 거래는 두 개의 방(*옆방 거래)에서 일어나고, 또 어떤 거래는 집 주인과 세 든 사람 사이에서 일어나기(*위아래층 거래)도 한다.

실제 거래를
보고서에 넣는 연습

이제부터는 개별 거래를 보고서 각각의 자리에 집어넣는 연습을 한다. 이 연습이 끝나면 영업보고서의 기본 원리를 몸에 익힐 수 있을 것이다.

[거래 1] 내 돈 100과 친구 돈 100으로 사업을 시작한다.

현금 200	부채 100	
	자본 100	
		영업
		투자
		재무 +200

앞의 표는 재무상태표, 손익계산서, 현금흐름표를 한꺼번에 보기 위해 만들어 본 것이다. 묶어서 위층은 재무상태표이고, 아래층은 손익계산서이고, 현금흐름표는 이 집에 현금이 들어오고 나가는 영업, 투자, 재무라는 세 개의 길이라고 할 수 있다(*4개의 방 3개의 길). 이제 각 사례가 어느 방, 어느 길에 들어가는지 알아보자.

갑자기 현금흐름표가 나와서 좀 당황스럽겠지만 여기서는 현금흐름표에 대해 다음 두 가지만 알고 계속 우리의 길을 가기로 한다. 하나는 현금흐름표란 회사의 현금을 늘리거나 줄인 거래만을 기록한 것이다. 둘째는 이런 거래를 그냥 두면 너무 복잡하므로 영업활동, 투자활동, 재무활동으로 성격이 비슷한 것끼리 묶어서 관리한다.

[거래 1]을 보면 자기 돈(자본) 100과 친구 돈(부채) 100이 들어와 자산에 현금 200이 있다. 이를 재무상태표에 기록하면 된다. 이 거래는 손익에는 아무런 영향도 주지 않았으므로 아래층에는 기록할 것이 없다. 한편 현금흐름표를 보면 재무활동을 통해서 현금 200이 회사 안으로 들어왔다. 회사가 밖에서 돈을 마련해 오거나 빌린 돈을 갚는 것은 재무활동이다.

[거래 2] 현금 100으로 기계를 샀다.

현금 100	부채 100	
기계 100	자본 100	영업
		투자 −100
		재무 +200

자산에 현금이 200 있었는데 이 중 100으로 기계를 샀다. 이 거래는 자산이라는 왼쪽 방 안에서만 일어난 거래이다. 오른쪽 방에는 아무런 영향도 주지 않았다. 이것을 우리는 **자기방 거래**라고 불렀다. 그리고 당연히 아래층인 손익계산서에도 아무 영향을 주지 않았다.

한편 현금흐름표로 오면 기계를 산 것은 투자활동이다. 기계를 모두 현금을 주고 샀으므로 현금 100이 회사 밖으로 빠져나간 것이다. 즉 현금이 나가고 대신 기계라는 장비가 들어왔다. 또 다른 말로는 현금이 기계로 모습을 바꾼 것이다. 그래서 현금흐름표의 투자활동에 현금 100이 나간 것으로 기록한다.

[거래 3] 원재료를 100 샀다. 이 중 50은 현금을 주고, 50은 외상이다.

현금 50	차입금 100	
원재료 100	외상구입 50	
기계 100	자본 100	영업 −50
		투자 −100
		재무 +200

원재료를 100 샀다. 이것은 재고자산이다. 그래서 자산의 방에 원재료 100을 기록한다. 이 원재료를 사기 위해서 우선 현금이 50 나갔다. 그러므로 자산의 방에 있던 현금을 50 줄인다. 나머지 50은 외상으로 사왔는데, 이것은 앞으로 갚아야 할 부채이다. 그래서 부채의 방에 외상구입 50을 기록한다. 이렇게 하면 재무상태표 양쪽 방이 모두 250으로 똑같아진다. 이처럼 어떤 거래는 자기방 안에서만 일어나기도 하

고, 어떤 거래는 양쪽 방에 걸쳐서 일어나기도 한다(*옆방 거래).

한편 현금흐름표로 오면, 재무상태표 자산에 원재료(*재고자산)가 100 늘어났다. 재고자산은 일상적인 영업활동을 위한 자산이므로 영업활동에 들어간다. 그런데 재고자산이 100 늘어났지만 실제로 현금이 들어간 것은 50뿐이다. 나머지 50은 외상구입으로 이것은 현금의 증감과는 아무런 상관이 없다. 그래서 영업활동에 현금 50만이 회사 밖으로 나간 것으로 기록하면 된다. 정확하게는 현금이 재고자산으로 모양을 바꾸는 바람에 그만큼 현금이 줄어들었다.

[거래 4] 매출을 150 했다. 150 중 50은 외상이다. 매출 150을 하기 위해 매출원가 100, 판매관리비 20, 이자 10, 그리고 감가상각비 10이 비용으로 들어갔다.

이 거래는 좀 복잡하다. 그래서 세 개의 작은 거래로 나누기로 한다.

[거래 4-1] 매출 150을 하기 위해서 매출원가 100, 판매관리비 20, 이자 10, 그리고 감가상각비가 10 들어갔다.

현금	20	차입금	100		
		외상구입	50		
기계	90	자본	100	영업	-50-30
				투자	-100
원재료	100			재무	+200
판관비	20				
이자	10				
감가상각비	10				

매출원가(*원재료) 100을 처리하기 위해서 자산에 있던 원재료 100이 아래층 손익계산서의 비용 방으로 내려온다. 그리고 판매관리비 20을 지급하기 위해서 자산에 있던 현금 20이 다시 아래층 손익계산서 비용의 방으로 내려온다. 그리고 또 이자 10을 지급하기 위해서 마찬가지로 자산에 있던 현금 10이 아래층 비용의 방으로 내려온다. 그래서 위층 자산 방에 있던 현금은 30이 줄어 20이 남아 있고, 원재료 100은 모두 아래층으로 내려갔으므로 위층 자산의 방에서는 사라졌다.

이처럼 자산은 비용으로 전환되기 위해서 순서를 기다리는 대기병과 같다. 이런 자산이 있어야 매출이 일어날 수 있다. 그렇지만 자산이 너무 많이 대기하고 있어도 이것은 낭비이다. 또 너무 적어서 매출이 늘어나는 것을 충분히 지원하지 못하는 것도 문제이다. 그러므로 자산은 매출이 늘어나는 것을 충분히 지원하면서도 최소의 상태를 유지해야 한다. 이것은 쉬운 일이 아니다. 그러나 기회는 언제나 쉽지 않은 일을 남보다 잘하는 것에서 생긴다.

아직 끝나지 않았다. **감가상각비**가 남아 있다. 감가상각비란 기계와 같은 설비가 매출을 만들기 위해서 들어간 비용을 말한다. 위의 예에서는 기계 100이라는 자산이 있다. 이 기계를 10년 사용한다고 하면 한 해 매출을 만들기 위해서 이 기계가 기여하는 것은 10이다. 10년이 지나고 나면 이 기계는 수명을 다한다. 그래서 일년이 지나고 나면 이 기계의 가치는 10이 줄어 자산에서는 90이 되고 줄어든 10은 손익계산서로 내려가서 감가상각비라는 이름으로 대접 받는다. 이것은 자산에 있던 원재료 100이 손익계산서로 내려가서 매출원가로 이름이 바뀌어 비용으로 처리되는 것과 마찬가지이다. 단 한 가지 차이는 원재료는 거의 일년 안에 비용으로 모양을 바꾸지만 기계는 사용 기간, 예를 들면 10년이 지나야 자기 수명을 다하고 자산에서 영광스럽게 완전히 사라진다.

이렇게 하여 자산과 비용의 관계를 끝내고 이제는 이것을 **현금흐름표**의 입장에서 정리할 차례이다. 매출 150을 하기 위해서 손익계산서 비용의 방에 들어간 각종 비용은 모두 영업활동이다. 이 중 비용으로 실제 현금이 들어간 것은 판매관리비 20과 이자 10을 합친 30이다. 매출원가로 들어간 100은 자산의 원재료가 모양을 바꾼 것이고, 감가상각비로 들어간 10은 기계가 일부 모양을 바꾼 것으로 현금의 사용과는 아무런 상관이 없다. 그래서 영업활동에서 현금은 30이 줄었다.

[거래 4-2] 이런 비용을 들여서 매출 150을 했다. 이 중 50은 외상이다.

현금	120	차입금	100		
외상매출	50	외상구입	50		
기계	90	자본	100	영업	−50−30+100
원재료	100	매출	150	투자	−100
판관비	20			재무	+200
이자	10				
감가상각비	10				

매출은 손익계산서 수익의 방에 집어넣어야 한다. 그래서 아래층 오른쪽 방에 매출 150을 기록한다. 매출은 150 했는데, 100은 현금이 들어왔고, 나머지 50은 외상이다. 우선 이 현금 100은 자기 자리가 어

디인가? 찾아보니 재무상태표 자산의 방에 현금 자리가 있다. 그래서 현금 100을 여기에 집어넣는다. 나머지 50도 사실은 현금으로 들어와야 하는 것인데 외상이므로 앞으로 받을 돈이다. 이것도 마찬가지로 자산의 방으로 가서 외상매출(*매출채권)이라는 이름을 붙이고 한 자리를 차지한다.

위의 예에서 재미있는 것은 아래층 오른쪽 방인 수익의 방이 늘어나자 이것과 대각선에 있는 위층 자산의 방이 같이 늘어난다. 한편 [거래 4-1]에서는 위층 자산의 방이 줄자 같은 줄에 있는 아래층 비용의 방이 반대로 늘어났다. 이 관계를 잘 기억해 두면 이와 비슷한 거래를 정리할 때 여러 가지로 편리하다.

이제 **현금흐름표**를 정리하자. 매출이 발생한 것은 영업활동이다. 매출 150 중 실제로 현금이 들어온 것은 100이다. 그래서 영업활동에 현금 100을 늘린다.

[거래 4-3] 매출 150을 하고 이를 위한 비용이 140이 들어가서 순이익이 10 발생했다.

현금	120	차입금	100		
외상매출	50	외상구입	50		
기계	90	자본	100		
		잉여금	10	영업	−50−30+100
원재료	100	매출	150	투자	−100
판관비	20			재무	+200
이자	10				
감가상각비	10				
순이익	10				

매출 150을 하기 위해서 들어간 비용을 모두 합해 보니 140이었다. 그래서 순이익은 수익에서 비용을 뺀 10이다. 순이익을 비용의 방에 집어넣은 것은 아래층 두 방의 균형을 맞추기 위해서이다. 이렇게 하면 두 방이 모두 150으로 균형을 맞춘다. 사실 [거래 4-3]은 실제로 거래가 아니다. 즉 순이익이란 수익에서 비용을 빼면 자연스럽게 나오는 숫자일 뿐이다. 이는 순이익이라는 숫자가 얼마나 쉽게 변동할 수 있는지 짐작하게 한다.

이제 순이익 10은 실제로 어디로 가야 하나? 아래층은 전세방이라고 했다. 이 사람들이 방을 비울 때는 이 10을 집 주인에게 주고 나간다. 즉 이 10은 집 주인의 수익이다. 그래서 비용의 대각선에 있는 위층 자본의 방에 이익잉여금이라는 이름을 붙이고 들어간다. 그러면 자본의 방은 처음 100이 있었으나 일년이 지나서 방을 빌려준 대가로 받은 수익 10이 들어와 110으로 불어난다. 여기서도 한 가지 기억할 것이 있다. 아래층 비용의 방은 위층 대각선에 있는 부채나 자본의 방과 같은 방향으로 늘어났다 줄어들었다 한다.

다시 현금흐름표로 가보자. 순이익 10이 생겨난 것을 현금흐름표에 어떻게 기록해야 할까? 순이익 10이 자본으로 가서 잉여금은 늘렸지만 실제로 현금에는 아무런 영향을 주지 않는다. 그래서 이 거래는 현금흐름표에는 기록할 것이 없다. 실제로 순이익 10은 이미 매출 활동을 통해 현금에 영향을 주었다. 즉 순이익이란 하나의 독립된 거래 행위가 아니라 다른 수많은 거래의 결과로 나온 숫자일 뿐이다.

이렇게 하여 [거래 4]가 마무리되었다. 그러면 이 거래가 제대로 기록이 되었는지 알아보기 위해서 층별로 두 방의 크기를 맞추어 보자. 아래층은 이미 확인했다. 위층을 보면 260으로 양쪽이 같다.

[거래 5] 여유 현금으로 외상 구입 50을 갚았다.

현금	70	차입금	100
외상매출	50	자본	100
기계	90	잉여금	10

영업 -50-30+100-50

원재료	100	매출	150
판관비	20		
이자	10		
감가상각비	10		
순이익	10		

투자 -100

재무 +200

현금증감 +70
기초현금 0
기말현금 70

현금으로 외상구입 50을 갚았으므로 자산의 방에 있던 현금이 50 줄었다. 그리고 부채의 방에 있던 외상구입도 사라졌다. 대차의 두 방 크기는 마찬가지로 210으로 같다. 현금흐름표로 오면 외상구입에 변화가 일어난 것은 영업활동이다. 이것은 투자활동도 아니고 재무활동도 아니다. 영업활동에서 현금이 50 줄어들었다. 이제 모든 거래를 마무리했으니 일년 장사를 정리해 보자.

먼저 **재무상태표**를 전체적으로 정리해 보자. 오른쪽 방을 보면 장사를 처음 시작할 때와 달라진 점은 아래층인 손익계산서에서 순이익 10이 올라온 것이다. 그래서 200에서 시작된 오른쪽 방이 일년이 지난 뒤에 210이 되었다. 왼쪽 방(자산)을 보니 현금 200에서 시작했는데 일년이 지난 지금 보니 현금이 70으로 줄어들었고, 대신 외상매출이 50, 기계가 90이 되어서 전체 자산은 마찬가지로 210이다.

손익계산서를 정리하면 자산에 있는 여러 가지 생산 자원을 이용해서 매출은 150을 하고 이를 위한 비용이 140이 들어가서 순이익 10을 만들었다.

　　현금흐름표를 정리하면 영업활동에서 현금이 모두 30 줄어들었다. 그리고 투자활동으로 현금이 100 줄었고, 재무활동으로 현금이 200 들어왔다. 합치면 현금이 70 늘어났다. 이렇게 늘어난 현금 70은 다시 재무상태표의 자산에 있는 현금으로 간다. 일년 전 장사를 시작하기 전에는 현금이 전혀 없었으나 일년 뒤에 현금이 70 늘어나 이제는 자산에 현금이 70이 되었다.

　　만약 처음 장사를 시작할 때 들어간 돈 200(*내 돈 100과 친구 돈 100)을 기초 현금이라고 생각하면 내용이 약간 달라진다. 이렇게 되면 지난 일년 동안 현금은 130이 줄었다. 즉 현금 200을 가지고 이것저것 장사를 위한 준비를 하느라 현금을 130 사용한 것이다. 이 결과로 오늘 현재 자산에는 현금이 70이 남아 있다고 해석해도 좋다.

영업보고서 해석을
도와주는 그림들

영업보고서의 구성 원리를 알았으니 좀 성급하지만 지금부터 영업보고서를 해석하도록 하자. 그냥 숫자만 보고 앉아 있다고 해석이 되는 것은 아니다. 가장 좋은 방법은 그림으로 그려 보는 것이다. 영업보고서를 쉽게 해석할 수 있도록 도와주는 몇 가지 그림에 대해서 알아보자.

순이익의 질

대부분의 사람들이 영업보고서에서 제일 먼저 보는 것은 순이익일 것이다. 지난해 또는 전분기보다 순이익이 많이 늘어나는 것이 좋다. 그러나 이것만으로는 부족하다. 순이익은 늘어나도 영업이익은 줄어들 수 있다. 또 순이익은 늘어나도 이것이 모두 현금 이익은 아니다. 순이익이 늘어나도 순이익을 늘리기 위해서 들어간 투자금액이 더 클 수도 있다. 그래서 중요한 것은 순이익의 질^{quality of earnings}이다.

순이익의 질이란 무엇을 말하는가? 이것에 대해서는 교과서에서도 설이 분분하다. 필자의 말로 간단하게 줄이자면 순이익의 질이 좋다는 것은 순이익에 일어난 변화가 실제 회사에서 일어난 변화를 가장 잘 대변하는 것을 말한다. 회사는 어려운데 순이익은 좋게 나온다거나 반대로 회사는 좋은데 순이익이 나쁘게 나오면 순이익의 질이 좋지 않은 것이다. 순이익의 질이 좋은 경우는 그 이익을 그냥 사용하여 이런저런 판단을 하면 된다. 그러나 순이익의 질이 나쁜 경우는 이것을 질이 좋게 바꾸어 주어야 한다. 질이 나쁜 순이익을 그대로 사용하면 그 다음에 나오는 모든 분석이 잘못되어 버린다.

순이익의 질을 미래 수익의 예측이라는 측면에서 접근할 수도 있다. 이 경우에 순이익의 질이 좋다는 것은 과거부터 지금까지의 순이익 흐름을 기초로 미래의 순이익을 비교적 쉽게 짐작할 수 있다는 말이다. 만약 어느 회사의 과거 순이익 흐름에 변동이 심하면 당연히 이 회사의 미래 순이익을 짐작하기 어렵다.

순이익의 질이 좋은지 나쁜지를 짐작하는 방법에는 다음 세 가지가 있다. 이 중 한 가지는 순이익을 다른 이익과 비교하는 것이다. 순이익에 일어난 변화가 다른 단계의 이익과 같아야 한다.

[손익계산서의 구성]

매출액	150
－ 매출원가	110
매출총이익	40
－ 판매관리비	20
영업이익	20
영업외손익	0
금융손익	－5
기타영업외손익	5
관계기업손익	0
세전이익	20
－법인세 등	5
당기순이익	15

손익계산서를 보면 네 단계에 걸친 이익이 있다. 매출액에서 매출원가를 빼면 매출총이익이 나온다. 여기서 판매관리비를 빼면 영업이익이 나온다. 그리고 영업외 부문에서 나오는 이익(손실)을 여기에 합치면 세전이익이 나온다. 여기서 세금을 내고 나면 비로소 세후(당기) 순이익이 된다. 즉 순이익은 매출액에서 시작하여 여러 단계를 그리며 비로소

자기 값을 갖는다. 예를 들어 순이익이 늘어나도 심할 경우 영업이익은 줄어들 수 있다. 물론 반대의 일도 일어난다. 그래서 순이익이 의미를 가지려면, 즉 순이익이 회사의 영업 상황을 제대로 반영하려면 그보다 윗 단계의 이익과 흐름을 같이 해야 한다.

주가와 재무지표

삼성전자를 가지고 주가와 재무지표의 관련성을 살펴보자. 과연 주가를 기업의 어떤 재무지표와 비교하는 것이 가장 올바른지는 딱 잘라 말하기 어렵다. 그러나 대부분 순이익이나 주주자본과 비교한다. 또는 매출액이나 현금흐름과도 비교한다. 이 표에서는 매출액, 순이익, 그리고 주주자본을 주가와 비교했다. 위 표에서는 주가를 1주당 주가가 아니라 그냥 시가총액을 사용했다. 이것을 순이익이나 주주자본과 바로 비교해도 1주당 주가를 1주당 순이익이나 1주당 주주자본과 비교

하는 것과 같은 값을 갖게 된다.

보통 시가총액은 순이익과 비슷한 모양을 그리면서 움직인다. 위 회사의 경우에서도 우리는 이것을 볼 수 있다. 물론 때로는 서로 앞서거니 뒷서거니 하면서 움직이기도 한다. 그리고 보통은 주가가 주주자본을 만나면 다시 올라가는 경우가 많다. 이는 주가의 바닥이 주주자본이라는 일반적인 생각을 뒷받침하는 사례라고 볼 수 있다.

위 표에서는 시가총액과 순이익의 눈금의 값이 서로 다르다. 시가총액이 10배가 더 높다. 그래서 이 두 눈금이 겹치면 그 값이 10배가 된다. 이는 보통 주가는 이익의 약 10배 수준에서 움직인다는 가설을 뒷받침한다. 위 회사의 경우 역시 거의 두 눈금이 서로 겹치면서 움직이고 있다.

매출액이익률

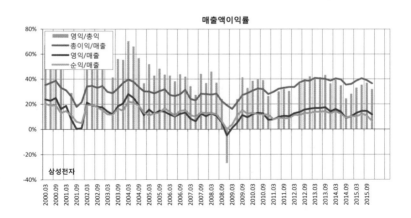

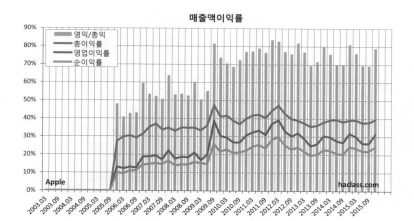

먼저 삼성전자를 가지고 매출액이익률을 설명하고 그 다음에 이 회사를 애플과 비교해 보자. 위 그래프는 단계별 이익을 매출액과 비교한 것이다. 이 그림은 몇 가지 의미를 지닌다. 먼저 단계별 이익이 같은 방향으로 그리고 같은 폭으로 움직이고 있는지를 보아야 한다. 즉 2004년과 최근을 비교하면 총이익률은 서로 비슷한 수준이지만 영업이익률은 2004년이 지금의 거의 두 배 수준이다. 이것은 총이익에서 나오는 영업이익의 수준이 지금은 2004년에 비해서 많이 낮아졌다는 의미가 된다. 즉 지금은 2004년에 비해 판매에 어려움이 많다는 의미이기도 하다.

다음으로는 이익률의 수준이다. 삼성전자는 총이익률이 40%를 넘지 못하고 있다. 제조 부문에 비교적 비용을 많이 들이고 있다고 보아야 한다. 또 한 가지는 이 회사는 주기적으로 이익률이 낮아지는 경향이 있어 보인다. 그 주기가 6년 전후로 보인다. 그렇다면 이 회사는 지금 다시 그런 주기로 들어갈 시점이 되었다.

이제 이 회사를 미국의 애플과 비교해 보자. 먼저 눈에 띄는 것은 애플은 총이익에서 나오는 영업이익의 수준이 아주 높다. 즉 총이익률은 삼성과 거의 비슷하나 판매관비리에서는 거의 비용을 들이지 않아서 회사의 영업이익률에서 많은 차이가 나고 있다. 물론 이는 두 회사 사이에 제품의 구성에 차이가 있기 때문일 것이고 또 제품의 질에서도 차이가 있기 때문일 것이다. 또 한 가지 차이는 애플의 경우에는 삼성과 같은 주기적인 이익률 하락 현상이 보이지 않는다. 즉 이 회사는 경기에 영향을 잘 받지 않는다는 의미가 될 것이다. 우리는 바로 이런 것을 **회사의 경쟁력**이라고 부를 수 있다.

자본이익률

순이익의 질을 판단하는 두 번째 방법은 순이익의 수준을 매출액과 비교하는 것이 아니라 자산과 비교하는 것이다. 매출액 100에서 순이익을 많이 내는 것이 좋긴 하지만 이것이 전부는 아니다. 아무리 매출에서 많은 이익을 낸다 해도 기본적으로 매출이 적으면 이 순이익은 별로 의미가 없다.

우리가 순이익을 중요하게 생각하는 것은 이것이 여러 가지 비용을 빼고 남은 수익, 즉 주주의 투자 수익이기 때문이다. 이 수익의 크기가 얼마나 되는지는 매출액과 비교하는 것이 아니라 나의 투자 금액과 비교해야 한다. 여기서 나의 투자 금액이란 주주자본을 말하며 바로 회사의 자산을 말한다.

회사가 매출을 만들어내기 위해서는 반드시 자산이 필요하다. 회사는 자산에서부터 또는 자산을 이용하여 매출을 만들어낸다. 매출이 하늘에서 그냥 떨어지는 것이 아니다. 매출을 하기 위해서는 현금이 필요하고, 기계가 필요하고, 건물이 필요하고, 원재료가 필요하고… 이 모든 것이 바로 자산이다.

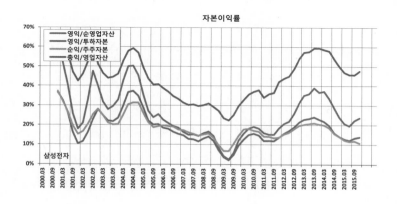

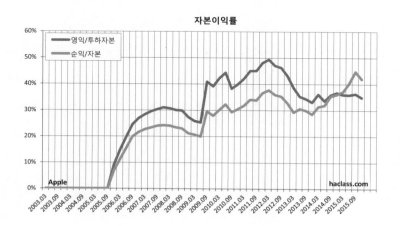

이 자산을 마련하기 위해서는 돈이 필요하고 그래서 나의 돈도 집어넣고 모자르면 남의 돈도 집어넣는다. 이렇게 하여 자산을 마련하고 나면 이것을 활용하여 매출을 올리고, 매출에서 이익을 만들어내고, 그 이익을 나의 투자금액인 자산과 비교해 수익률이 높아야 장사를 잘 했다고 할 수 있다.

앞의 그래프들은 이익을 자산(자본)과 비교한 것이다. 이익에도 종류가 많고 자산(자본)에도 종류가 많아서 어떤 이익과 자산을 사용하느냐에 따라 그 값은 달라지게 마련이다. 이익은 보통 총이익, 영업이익, 순이익 중에서 사용하고 자산은 총자산, 영업자산, 순영업자산, 투하자본, 주주자본 중에서 사용한다. 총이익은 수준을 보기보다는 그 흐름을 보기 위해서 많이 사용한다. 순이익은 주주자본과 비교를 하지만 순이익의 변동성이 높아서 주로 영업이익을 많이 사용한다. 영업이익에 대비되는 자산에는 영업자산과 투하자본이 있다. 영업자산은 다시 그냥 영업자산과 순영업자산으로 구분할 수 있다. 그냥 영업자산은 자산에서 영업 성격이 있는 자산만을 모은 것이고 순영업자산은 부채 중에서 영업부채에 해당하는 것을 영업자산에서 빼준 것이다. 그래야 좀 더 엄격한 의미의 영업자산이 되는 셈이다. 마지막으로 투하자본이란 영업을 하기 위해서 들어간 자본을 의미하는데, 이것은 주주자본과 부채 중 이자를 지급하는 부채를 합한 것을 의미한다. 이것이 실제로 자산으로 가서 어떤 모습을 하고 있는지는 알지 못한다는 약점은 있지만 계산이 편하고 또 실제로 비용이 발생하는 자본이라는 측면에서는 의미가 있다. 투하자본이익률(=영업이익/투하자본, roic)은 나중에 별도 항목에서 더 자세히 설명하겠다.

그리고 자본이익률의 계산에서 이익과 자본은 서로 대비가 되어야 한다. 즉 순이익은 이자를 지급하고 난 뒤의 이익이므로 차입금이 들어가지 않은 주주자본과 비교해야 한다. 종종 순이익을 총자산과 비교한 총자산순이익률이라는 지표를 보는데, 이는 지표로서 별 의미가 없다.

또한 자본이익률은 두 개의 요소로 나누어 볼 수 있다. 즉 매출액이익률과 자본의 매출회전율이다. 이 두 가지가 동시에 올라가면서 자본이익률이 올라가면 가장 좋은 일이다.

위의 삼성전자 자본이익률을 보면 투하자본이익률을 기준으로 보면 그 범위가 5%에서 35%까지로 변동이 매우 심하다. 지금은 10%를 약간 넘는 수준이다. 반면에 애플은 투하자본이익률이 아주 안정적이고 그 수준도 약 30%로 높다. 이것 또한 이 회사의 높은 경쟁력을 의미한다고 보아야 한다.

[자산의 종류]

총자산
영업자산: 자산 중에서 영업 성격이 있는 자산만 더함
　　　　　　(또는 자산에서 금융자산을 제외함)
순영업자산: 영업자산에서 영업부채를 뺌
투하자본: 이자 지급 장단기차입금에 주주자본을 더함
주주자본

순이익과 현금흐름의 비교

이미 앞에서 이야기했듯이 손익계산서에 나오는 순이익이 모두 현

금 이익은 아니다. 매출을 100 하면 이것은 비록 중간에 이것저것 방해를 받지만 그래도 끝까지 순이익으로 내려온다. 그러나 이 매출 100은 모두 현금을 받고 판 것이 아닐 수 있다. 이 중 20, 즉 20%를 외상으로 팔았다고 하면 단순하게 순이익의 20%도 현금이 아니다. 뿐만 아니라 매출을 하기 위해서 원재료를 사온 경우에도 반드시 현금을 다 주고 사오지 않을 수도 있다. 그리고 비록 매출액에서 비용으로 빠져나갔지만 감가상각비는 현금이 나간 비용이 아니다. 이처럼 손익계산서에 나오는 순이익은 그대로 현금이 아니므로 별도로 현금흐름표가 필요한 것이다. 현금흐름표를 이용하면 손익계산서에 나오는 순이익이 얼마나 현금에 가까운지 쉽게 알 수 있다.

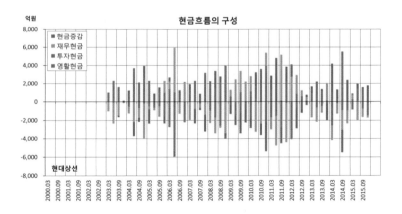

위 그래프는 회사에 일어난 현금의 변화를 활동의 성격을 기준으로 영업활동, 투자활동, 재무활동으로 구분하여 정리한 것이다. 0을 기준으로 위에 있는 것은 그 활동을 통해서 현금이 회사 안으로 들어오거나 또는 다른 자산이 현금으로 바뀐 것을 말하고, 0 밑에 있는 것은

그 활동을 통해서 현금이 회사 밖으로 나갔거나 또는 현금이 다른 자산으로 모양을 바꾼 것을 말한다. 예를 들어 이 회사의 활동별 현금흐름을 보면 영업활동에서 현금이 많이 들어오면 이에 비례해서 투자활동으로 현금이 많이 나간다는 것을 알 수 있고, 2009년을 경계로 현금활동량이 많아졌다는 것도 알 수 있다.

이제 구체적으로 영업활동에서 어떻게 현금의 양이 많아졌는지 알아보자. 영업활동에서 생긴 현금을 찾아가는 과정은 손익계산서에 나오는 순이익을 현금성 순이익으로 만들어 가는 과정이기도 하다. 바로 다음의 과정을 거친다.

영업활동 현금 =
순이익
+ 현금유출 없는 비용
− 현금유입 없는 이익
+ 영업활동자산과 부채의 변동

매출에서 순이익이 나오는 과정에는 현금과 관련하여 다음의 세 가지 통로가 있다.

하나는 이익과 비용이 현금 유입, 유출과 일치하는 것이다.

둘째는 비용이 발생하여 순이익은 줄었으나 실제로 현금이 나가지 않은 비용이 있다. 대표적인 것이 감가상각비이다. 이것은 비용이어서 순이익을 줄였지만 실제로 현금이 나간 것이 아니므로 순이익을 현금성 이익으로 만들려면 순이익에다 감가상각비만큼을 더해 주어야 한다. 감가상각비가 왜 현금이 나가지 않은 비용인지는 이미 앞에서 설명했으므로 여기서는 생략한다.

셋째는 수익이 나서 순이익을 늘렸으나 실제로 현금이 들어오지 않은 이익이 있다. 대표적인 것이 자산이나 부채를 평가하여 일어난 평가이익이다. 관계회사에 투자했는데 자회사가 장사를 잘하여 관계회사 투자자산의 가치가 올라갔다. 그래서 평가이익이 났다. 이것은 순이익을 늘린다. 그렇지만 이 평가이익만큼 실제로 현금이 들어오는 것은 아니다. 그래서 순이익을 현금성 이익으로 만들기 위해서는 순이익에서 실제 현금이 들어오지 않은 평가이익을 빼주어야 한다.

이렇게 순이익을 현금성 순이익으로 바꾸고 나면 이제 한 가지 일이 더 남는다. 바로 **영업활동자산**(*유동자산에서 현금 및 단기금융자산을 뺀 것)과 **영업활동부채**(*유동부채에서 단기 차입금을 뺀 것)를 늘리거나 줄인 거래이다. 여기서 영업자산의 대표적인 것은 매출채권(*외상매출)과 재고자산이고, 영업부채의 대표적인 것은 매입채무(*외상매입)이다.

예를 들어 재고자산이 늘어난 경우, 이것은 투자활동도 아니고 재무활동도 아니고 바로 영업활동이다. 재고자산이 늘어나려면 당연히 자산이 늘어난 만큼 현금이 줄어들어야 한다. 이것은 이미 우리가 영업보고서 거래 유형 중 하나인 **자기방 거래**에서 설명한 내용이다. (*영업자산과 부채에 일어난 변화를 영업활동으로 볼 것인지 투자활동으로 볼 것인지는 관점에 따라서 달라진다. 뒤에서 다시 설명한다.)

재무상태표 자산의 방에서 현금 외에 다른 자산이 늘어나면 이것은 이 금액만큼 현금을 줄인다. 자산에서 외상매출이나 재고자산이 늘어나면 그만큼의 현금이 줄어든다. 이것은 영업활동을 통해서 현금이 그만큼 줄어든 것이므로 영업활동현금흐름에서 그만큼을 빼주어야 한다. 반대로 영업자산이 전년보다 줄어들면 그만큼의 현금을 늘려 주어야 한다.

한편 영업활동부채에 일어난 변화를 보자. 예를 들어 외상매입이 늘어났다고 하자. 부채란 나중에 갚아 주기로 하고 지금 무엇을 빌려오는 것이다. 빌려온 것은 어딘가에 앉아 있을 것이다. 당연히 자산이 늘어난다. 이것을 우리는 거래의 세 가지 유형 중 **옆방 거래**라고 이름 붙였다.

부채가 늘어나면 자산이 늘어난다. 외상으로 원재료를 사왔다는 것은 현금을 주었더라면 그만큼 현금이 회사 밖으로 나갔을 텐데 외상으로 사왔으므로 그만큼 현금이 회사 안에 남아 있는 것이다. 즉 줄어들어야 하는데 줄어들지 않았으므로 변동으로 보면 그만큼 현금이 늘어난 것이다. 그래서 외상매입이 늘어나면 그만큼 영업활동에서 현금의 양을 늘리고 반대로 외상매입이 줄어들면 과거의 외상을 갚은 것이므로 영업활동에서 현금의 양을 줄여야 한다.

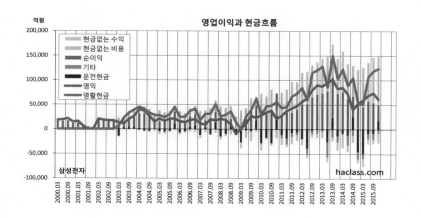

위의 그림에서 이 회사의 영업활동현금흐름은 기본적으로 영업이익보다 더 높다. 이는 이 회사가 현금없는 비용(이 중 대부분은 감가상각비임)이 점차 높아지고 있기 때문이다. 즉 영업이익에는 감가상각비가 빠지지만 영업활동현금흐름에는 총액으로 포함되어 있기 때문이다. 그리고 2009년을 경계로 현금흐름의 양이 많아지고 있다. 이는 기본적으로는 순이익의 규모가 늘어나서이고 또 이미 말했듯이 현금없는 비용이 높아져서이다. 유입현금이 많아지면서 자연히 유출현금, 즉 여기서는 현금없는 수익과 운전현금이 되겠지만 이것도 조금씩 많아지고 있다

이상으로 우리는 순이익의 질을 이야기했다. 정리하면 순이익을 통해서 회사가 장사를 어떻게 하고 있는지 잘 알 수 있다면 이럴 경우 우리는 순이익의 질이 좋다고 말한다. 순이익의 질이 좋은지, 즉 순이익이 회사에 일어난 변화를 잘 잡아내고 있는지를 알기 위해서는 세 가지 지표를 살펴보는 것이 좋다. 한 가지는 **매출액이익률**이고, 둘째는 **자본이익률**이고, 셋째는 **순이익을 영업활동현금흐름과 비교하는 것**이다.

회사의 전체 모습

이상의 세 가지 지표만 보면 어느 정도 회사를 파악할 수 있다. 그러나 이것만으로는 약간 부족하다. 이것을 보완해 주는 지표가 여럿 있겠지만 그 중에서 네 가지만 더 설명하려고 한다. 회사가 지금 어떤 상태에 있는지를 하나의 그림으로 드러내 보라고 한다면 다음 그림을 보

여 주고 싶다.

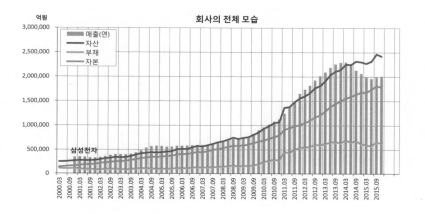

위 그래프는 회사의 자산, 부채, 자기자본 그리고 매출액의 움직임을 그린 것이다. 즉 대차대조표와 손익계산서 각 방의 크기를 그린 것이다. 여기에 순이익과 영업활동현금흐름이 더 들어가야 한다. 그런데 나중의 두 가지는 이미 앞의 그림에 들어갔으므로 굳이 여기에 들어가지 않아도 된다.

이 그래프는 회사의 전체 모습을 알려 준다. 첫째로 회사의 자산은 부채와 자본 중 어느 것이 얼마나 되는가? 둘째, 회사의 자산에서 매출이 어느 정도 나오고 있는가? 셋째로는 위 그림에 나오는 네 개 지표가 시간이 흘러가면서 어떻게 변해 가는지를 알려 준다.

위 회사의 경우 자산 중에서 자본의 비중이 더 높다. 부채는 늘지 않으나 자본이 늘면서 자산이 늘고 있다. 즉 과거에 비해서 자본구조는 많이 좋아졌다. 그리고 자산이 거의 매출로 일회전을 하고 있다. 그러나 최근에는 매출액이 줄어들어서 자산의 효율성이 떨어지고 있다. 어떤 회사는 자산에 비해서 매출의 수준이 아주 낮은 회사도 있고 반대로 매출의 수준이 자산의 거의 두 배에 해당하는 회사도 있다.

자산보다 매출이 아주 많은 회사는 자산의 효율성이 매우 높다. 만약 이런 회사가 매출에서 이익을 많이 만들어낸다면 이것은 아주 좋은 일이다. 다른 말로는 투자금액은 적은데 여기서 이익을 많이 만들어낸다는 의미이다. 대부분의 회사는 매출이 자산보다 많으면 매출에서 나오는 이익의 수준이 낮다. 즉 박리다매형 회사이다. 그러나 혹시 자산에서 매출을 많이 만들어내고 매출에서 이익도 많이 나오는 회사를 찾았다면 이것은 투자할 좋은 기회를 찾은 것이다. 사실 대부분의 경우 이런 조짐을 보이면 그런 회사의 주가는 이미 올라가 있다.

자산보다 매출이 아주 적은 회사도 있다. 이런 회사는 특히 매출에서 이익을 많이 만들어내야 한다. 그래야 평균 정도의 자본이익률을 유지할 수 있다. 만약 자산에서 매출로 전환되는 속도가 느리고 매출에서 이익이 나오는 정도도 적다면 이런 회사는 오래 버티기 힘들다. 이런 회사는 두 가지 길을 가게 되는데, 그 중 하나가 효율성이 낮은 자산을 줄이는 이른바 구조조정을 하는 것이다.

우리는 이 네 가지 값이 시간이 가면서 만들어내는 여러 종류의 추상화를 보고 이런저런 많은 해석을 할 수 있다. 어떤 해석을 내리느냐는 결국 이 추상화를 보는 사람의 능력에 달려 있다.

자본의 배분

우리는 뛰어난 경영자를 좋은 실적을 내는 사람으로 알고 있다. 그러나 더 뛰어난 경영자는 자본배분을 잘 하는 사람이다. 결국 좋은 실적도 자본배분의 결과이기 때문이다. 좋은 실적을 냈으나 자본을 잘못 배분하는 바람에 망하는 회사들도 있다.

〈현금흐름표〉

삼성전자	2011.12	2012.12	2013.12	2014.12	2015.12	합계
영활현	229,179	379,728	467,074	369,754	400,618	1,846,353
유형투자	(215,858)	(223,212)	(227,801)	(216,573)	(255,231)	(1,138,676)
무형투자	(6,540)	(5,894)	(9,302)	(12,926)	(15,008)	(49,669)
관계회사등	(967)	(2,379)	(1,811)	12,946	1,401	9,190
자유현금	5,814	148,243	228,161	153,201	131,780	667,198

	조달	운용
단기금융	0	(312,716)
장기금융	0	(59,371)
기타투자	0	(20,312)
차입금	29,609	0
증자	0	0
자사주매입	0	(58,261)
배당	0	(87,529)
기타투자	0	(9,043)
현금증가	0	(128,453)
환율변동	0	(21,122)
합계	29,609	(696,807)

억원

haclass.com

위의 표는 영업활동에서 들어온 현금을 투자활동(이 속에는 유형설비투자, 연구개발투자, 관계회사매수와 같은 여러 투자활동이 들어 있다)으로 자금을 투입하고 난 뒤에 남은 현금, 즉 자유현금(free cash flow)을 어떻게 어디에 사용했는지를 보여 주고 있다.

물론 이 표는 회사가 보고하는 현금흐름표에는 바로 나오지 않는다. 이를 약간 수정하는 작업을 거쳐야 한다. 이를 나중에 다시 한번 설명할 것이다.

우선 위의 표는 지난 5년 동안 회사에 일어난 현금흐름을 합한 것이다. 그 내용을 보면 삼성전자는 영업활동에서 들어온 현금에서 투자활동으로 나간 현금을 제외하고도 남은 자유현금 67조원과 차입금 3조원을 합한 70조원을 장단기금융자산에 37조원을 배분하고 자사주와 배당을 통해 주주에게 15조원을 돌려주었다. 나머지로는 현금에 약 13조원을 넣었다. 즉 회사는 충분히 투자를 하고도 현금에 여유가 있어 이를 일부 주주에게도 돌려주었다.

현대상선	2011.12	2012.12	2013.12	2014.12	2015.12	합계
영활현	389	(2,906)	1,508	371	(1,566)	(2,203)
유형투자	(1,397)	(1,834)	(878)	(2,004)	109	(6,004)
무형투자	(36)	(5)	(15)	(22)	30	(48)
관계회사등	(1,414)	(172)	(601)	897	(196)	(1,487)
자유현금	(2,458)	(4,917)	14	(758)	(1,622)	(9,741)
	조달	운용				
단기금융	0	(59)				
장기금융	0	(324)				
기타투자	8,994	0				
차입금	0	(11,371)				
증자	6,983	0				
자사주매입	0	(255)				
배당	0	(42)				
기타투자	0	(4,017)				
현금증가	10,864	0				억원
환율변동	0	(1,033)				haclass.com
합계	26,842	(17,101)				

위 표는 지금 어려움을 겪고 있는 한 회사의 현금흐름표이다. 이 회사의 지난 5년 동안의 현금흐름을 보면 자유현금이 1조원 적자이다. 그래서 이 적자를 증자와 보유현금 그리고 기타투자자산에서 들어온 현금으로 메우고 있다. 이 회사는 이미 지금까지 차입금을 많이 늘려와서 더 이상 그것을 늘릴 수 있는 단계를 넘어섰다. 즉 회사의 현금사정이 어려워도 차입금을 갚아야 하는 마지막 단계에 들어와 있는 것이다.

회사의 자금흐름을 기준으로 어려워지는 단계를 구분해 보면 처음은 자유현금이 흑자인 단계이다. 여기서는 문제가 없다. 둘째는 자유현금이 적자인 단계이다. 이 단계에서는 초기에는 차입금으로 이 부족 자금을 메운다. 셋째는 차입금이 너무 많아서 은행이 더 이상 차입금을 늘려 주지 않으면 이제는 회사의 자산을 줄여서 스스로 자금을 마련해서 차입금을 갚아야 하는 단계로 들어가게 된다.

이런 과정에서 갑자기 외부에서 큰 충격이 오면 국가 전체가 어려워지는 금융위기를 겪게 된다. 바로 이것이 우리가 1997~98년에 겪은 외환위기이다. 이 시절에는 한국의 대부분의 회사들이 영업활동에서조차 현금흐름이 적자였다. 여기에 투자를 위한 자금까지 필요했으니 자연히 외부에서 자금을 마련해 올 수밖에 없었다. 차입을 하면 부채가 늘어나고 증자를 하면 주당 이익이 줄어든다. 이 결과 기업의 부채비율이 300~400%에 이르고 달러 가치의 상승으로 결국 외환위기를 만나게 된 것이다.

투자액과 매출증가액

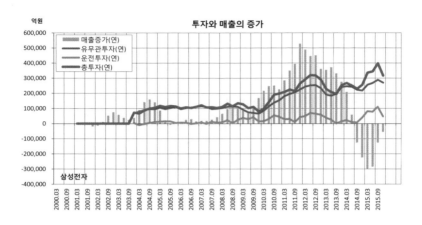

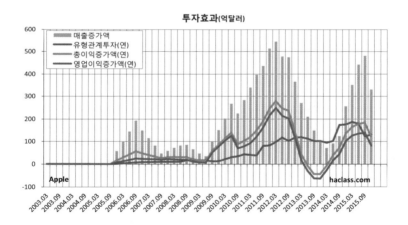

여러 가지 지표 중에서 기업 실적의 움직임을 가장 먼저 알려 주는 지표를 들라고 하면 투자와 매출의 증가 지표가 아닐까 한다. 여기에서는 투자활동의 내용에 유형자산투자, 무형자산투자 및 관계회사투자를 비롯해서 운전자산투자(즉 영업활동현금흐름표 속에 있는 운전자본변동)도 집어넣었다. 물론 운전자본변동은 보는 입장에 따라 뺄 수도 있다. 이렇게 투자액을 계산하고 난 뒤 이를 연간 매출액의 증감액과 비교한다.

앞의 그래프에서 보이듯 삼성전자는 과거에는 한때 투자액보다 매출증가액이 더 높았던 시기도 있었다. 그러나 지금은 매출액이 줄어서 투자 효과가 전혀 나타나지 않고 있다. 다시 매출이 늘어나야 회사는 활력을 얻게 될 것이다.

이와는 달리 애플의 경우에는 비록 투자현금이 유형투자에만 들어가 있지만 투자액에 비해서 연간 매출증가액이 훨씬 더 많다. 즉 이 회사는 투자의 매출증가 효과가 매우 좋은 것이다

영업보고서의
수정

자산의 수정

여기서는 크게 두 가지만 살펴보고자 한다. 하나는 재무상태표에서 영업자산과 투하자본을 계산하는 방법이고 다른 하나는 자유현금흐름을 계산하는 방법이다.

먼저 삼성전자의 재무상태표를 보자.

〈재무상태표〉

삼성전자	2014.12	2015.12	구성비		2014.12	2015.12	구성비
자산	2,304,230	2,421,795	100%	**부채**	623,348	631,197	26%
유동자산	1,151,460	1,248,147	52%	유동부채	520,139	505,029	21%
현금성자산	618,173	714,931	30%	단기차입금	98,080	113,770	5%
운전자산	455,520	473,325	20%	매입채무	322,715	276,731	11%
기타자산	77,767	59,892	2%	기타단기	99,344	114,528	5%
비유동자산	1,152,769	1,173,648	48%	비유동부채	103,209	126,168	5%
유형자산	808,730	864,771	36%	장기차입금	13,799	14,240	1%
무형자산	47,855	53,963	2%	장기채무	25,623	30,417	1%
관계회사자산	52,325	52,763	2%	이연법인세	40,978	51,548	2%
장기금융자산	126,675	83,325	3%	기타장기	22,809	29,963	1%
기타자산	117,185	118,825	5%	기타금융업부채	0	0	0%
기타금융업자산	0	0	0%	**자본**	1,680,882	1,790,598	74%
				자본금	8,975	8,975	0%
순운전/매출	6.4%	9.8%		자본잉여금	44,039	44,039	2%
차입금/매출	5.4%	6.4%		이익잉여금	1,695,296	1,851,320	76%
				기타	(126,493)	(175,567)	−7%
		억원 haclass.com		비지배	59,065	61,830	3%

먼저 여기서 영업자산을 찾아서 모아야 한다. 한 가지 방법은 영업자산에 해당하는 항목을 더하는 것이고 다른 하나는 해당하지 않는 항목을 전체에서 빼는 것이다. 보수적으로 보면 빼는 것이 좋다. 여기서도 빼는 방법으로 계산하여 총자산에서 현금성자산과 장기금융자산 그리고 기타금융자산을 빼면 된다. 이것이 영업자산이다. 그리고 여기에서 다시 부채 항목에 있는 영업부채, 즉 매입채무와 장기채무를 빼면 순영업자산이 된다. 이렇게 계산하면 위 회사의 경우 2015년 말 총자산 242조원이 영업자산으로는 163조원이 되고 순영업자산으로는 112조원으로 거의 총자산의 절반 수준으로 낮아진다.

다음은 투하자본을 계산해 보자. 투하자본은 비교적 계산하기가 쉽다. 즉 이자를 지불하는 부채, 즉 장단기차입금을 주주자본과 합하면 된다. 이 경우 삼성전자는 2015년 말에 투하자본이 192조원이 된다. 즉 이 회사의 경우 투하자본으로 자산을 보는 것이 금액이 가장 커지므로 이를 기준으로 이익이나 매출 등을 비교하는 것이 가장 보수적으로 접근하는 것이 된다.

이렇게 투하자본을 계산했으니 이제는 투하자본이익률을 계산해 보자. 투하자본이익률은 영업이익과 투하자본을 비교한 것이다. 이 지표가 의미를 갖는 것은 투하자본이란 회사가 영업을 하기 위해 직접 집어넣은 자본을 의미하는데, 이 자본에는 비용이 들어가기 때문이다.

이제부터 중요한 개념인 자본의 비용에 대해서 말해 보자. 보통은 차입금에만 비용이 들어가는 것으로 생각하는 경영자들이 너무 많다. 차입금에는 이자가 붙으므로 이를 비용으로 생각하는 것은 당연하다.

그럼 주주자본에는 비용이 붙지 않을까?

혹시 붙지 않는다고 가정해 보자. 그리고 투자자의 입장에서 바라보자. 투자자가 어떤 회사의 채권과 주식을 선택해서 투자를 할 경우 어느 곳에 투자를 해야 할까? 아니 선택의 기준이 무엇일까? 보통 투자자는 주식에 투자할 경우 채권보다 더 높은 수익률을 요구한다. 왜냐하면 그건 주식에 투자하는 것이 더 위험하기 때문이다. 즉 위험 프리미엄이 있어 그만큼 더 높은 수익률을 기대하는 것이다.

그렇다면 차입금에 붙은 이자보다 주주자본에는 더 높은 비용을 지불해야 한다. 이 비용이란 바로 이익이다. 경영자는 주주에게 차입금보다 더 높은 비용, 즉 이익을 만들어 주어야 한다. 그래야 회사는 자본비용 이상의 이익을 내어 기업에 부가가치를 안기게 되는 것이다.

만약 지금 기업의 자본비용을 대략 5~10% 수준으로 본다면 기업은 최소 투하자본이익률이 10% 이상은 되어야 자본비용을 빼고 부가가치를 만드는 것이다. 그러므로 투자자들은 그냥 기업이 이익을 얼마 내었다고 좋아할 것이 아니라 실제로 그 기업이 자본비용 이상의 부가가치를 만들었는지를 반드시 살펴보아야 한다.

물론 회사에 따라 자본비용은 달라진다. 즉 부채비율이 높거나 실적의 변동이 심한 회사는 당연히 자본비용이 그렇지 않은 회사보다 높아야 한다. 나아가서 회사가 진입해 있는 산업의 성격에 따라서도 자본비용은 달라지고 성장주기 중 어느 곳에 있느냐에 따라서도 달라진다. 여기서 자본비용이란 결국 그 기업이 안고 있는 재무와 영업을 포함한 전체 위험의 수준을 말하는 것이다.

부가가치=자본이익률−자본비용>0 이 값이 0 이상이어야 기업이

부가가치를 만들어내는 것이다. 만약 이 값이 0보다 작으면 기업이 아무리 성장을 해도, 아니 성장을 하면 할수록 오히려 기업의 가치를 까먹은 것이 된다. 그러므로 투자자들은 이 지표에 특별히 신경을 많이 써야 한다.

현금흐름표의 수정

다음은 자유현금흐름을 계산해 보자. 자유현금흐름은 영업활동현금흐름에서 투자현금을 빼고 남은 것이다. 보통은 유형투자로 들어가는 현금흐름만 제외하지만 엄격한 의미로 보면 무형투자로 들어가는 현금, 그리고 관계회사투자로 들어가는 현금도 투자로 보아야 한다. 이렇게 계산하여 남은 자유현금이 흑자이어야 이 자유현금으로 주주에게 배당을 주거나 또는 자사주를 매입하거나 또는 차입금을 상환하는 등으로 사용할 수 있다.

만약 이 자유현금흐름이 적자이면 이를 메우기 위해서 어디선가 현금을 마련해 와야 한다. 크게 보면 3가지 길이 있다. 우선 하나는 차입하는 것이고, 다른 하나는 증자를 하는 것이며, 마지막 하나는 보유자산을 헐어서 여기서 현금을 마련하는 것이다. 그 순서는 먼저 차입이나 증자를 하고 여기가 막히면 마지막으로 보유자산을 헐어서 마련하게 된다.

이를 알려 주는 표는 현금흐름표를 보고 수정을 해야 한다. 현금흐름표는 기본적으로 아래와 같이 구성되어 있다.

〈현금흐름표의 구성〉

```
        영업활동현금흐름
        투자활동현금흐름
            단기금융
            장기금융
            유형투자
            무형투자
            관계회사투자
            기타투자
        재무활동현금흐름
            차입금
            증자
            자사주
            배당
            기타재무
            환율변동
        현금의 증감
```

    물론 위 표에서 투자활동과 재무활동의 각 항목은 유입에서 유출을 빼서 계산해야 한다. 이렇게 한 후 투자활동에서 유형투자, 무형투자, 관계회사투자를 영업활동현금에서 빼고 나면 자유현금흐름이 나오고 나머지 모든 항목을 합하면 자유현금흐름과 같은 값이 나오게 된다. 그 예는 이미 앞에서 나온 표를 보면 알 수 있다.

기업의
가치평가

이렇게 재무분석을 마치고 나면 이제 마지막으로 해야 할 일은 기업의 가치를 평가하는 일이다. 가장 먼저 물어야 할 것은 과연 기업이 가치를 가지고 있는가? 하는 질문이다. 이렇게 하는 것은 주식투자를 하는 사람들이 보통은 기업의 가치를 생각하지 않기 때문이다. 즉 주식투자를 그냥 종이쪽지 값이 시장에서 올라가고 내려가는 무슨 게임 같은 것으로 보는 사람들이 많기 때문이다. 그런데 사실 이 종이는 그 뒤에 있는 기업의 가치를 반영하는 것이다. 그러므로 주식의 적정한 가격을 알려면 그 뒤에 있는 기업의 가치를 평가해야 한다. 그래서 기업이 당연히 가치를 가지고 있다고 생각한다면 그 가치를 어떻게 계산할 수 있을까를 물어야 한다.

기업의 가치를 계산하는 것은 비교적 쉬운 일이다. 초등학교 산수 실력만 있으면 누구나 계산할 수 있다. 먼저 예를 들어 보자. 내가 어느 지역의 상가를 사려고 한다. 상가 주인이 장부를 보여 주면서 이 상가에서는 일년에 약 1억원의 이익이 난다고 한다. 이 말을 들은 나는 그 상가를 5억원에 사겠다고 했다. 그러자 상가 주인이 안 된다고 한다. 그래서 하는 수 없이 10억원에 사겠다고 했다. 상가 주인이 마지못해 승락을 했다. 상가주인은 어떻게 그 상가의 가격이 10억원이면 적정하다고 생각했을까? 그리고 나는 또 왜 10억원 정도는 줄 수 있다고 생각했을까?

　자, 이제 나의 입장에서 생각해 보자. 10억원을 투자해서 매년 1억원의 이익이 나온다면 투자수익률은 10%가 된다. 내가 다른 곳에서 10% 이상의 투자수익을 얻을 기회가 잘 없다면 나는 이 가게를 사는 것이 좋을 것이다. 이 방법은 바로 기업에도 적용할 수 있다. 단위를 조금 올려 보자. 어떤 회사가 일년에 10억원의 순이익을 낸다면 이 회사의 적정한 시가총액은 얼마가 될까? 같은 원리를 적용한다면 10억원/10%=100억원이 된다. 즉 이것이 바로 미래수익현재가치할인법(DCF)이다. 앞으로 매년 10억원의 순이익을 내고 나의 기대투자수익률이 10%라면 이 회사의 적당한 시가총액은 100억원이 되는 것이다. 혹시 이 회사가 앞으로 매년 약 5% 정도 순이익이 증가한다면 이 회사의 적정한 가치는 10*(1+5%)/(10%-5%)=210억원이 된다. 계산 공식이 이렇게 바뀌는 것은 무한등비급수의 합계식에서 나오는 것이니 이는 그냥 기억만 하면 된다. 여기서 5%는 이익의 성장률이고 10%는 기대수익률이다.

　물론 기대수익률을 얼마로 잡아야 하고 회사의 미래성장속도를 얼마로 잡아야 할지는 각자가 선택해야 한다. 여기에 정답이 없다는 것은 누구나 알 것이다. 개인들마다 이 값이 서로 다르므로 시장에서는 매일 매시간 매분 주식의 가격이 달라지는 것이다. 물론 여기에는 이런 값들의 예상만 달라지는 것이 아니라 시장 정보에 대응하는 인간의 감정도 달라진다. 그래서 오늘 상한가까지 오른 회사의 주가가 내일은 하한가로 떨어지는 일도 일어나는 것이다. 그러나 똑똑한 투자자라면 이런 시장의 급격한 변동을 보고 주식시장은 믿을 수 없는 투기판이지만 버릴 것이 아니라 여기가 바로 나에게 투자수익을 주는 기회의 장소라고 생각할 것이다.

주식시장이 기회의 장소가 되려면 투자가들은 반드시 미리 그 기업의 가치가 얼마나 될 것인지 짐작해야 한다. 이 가치를 정확하게 계산한다고 원 단위까지 계산하는 것은 못난 짓이다. 많은 가정이 들어간 예상을 하는 것이므로 대충의 값만 알면 된다.

위에서 계산한 미래수익현재가치할인법보다 더 간편한 계산 공식이 또 하나 있다. 이것을 우리는 상대평가법이라 부른다. 이것이 바로 주가이익배수, 즉 PER(price to earnings ratio)이다. 주가를 이익으로 나누어서 얻는 값을 기준으로 주가가 높은지 낮은지를 판단하는 것이다. 이때 판단의 기준은 성격이 비슷한 다른 회사가 된다.

주가이익배수란 다른 말로 하면 기업이 만들어내는 1원의 이익에 얼마의 주가를 매길 것인지를 정하는 것과 같다. 즉 1원의 이익의 질이 높으면 높은 배수를 주고 1원의 이익의 질이 낮으면 낮은 배수를 주어야 한다. 이는 마치 고스톱에서 1점의 값을 얼마로 할 것인지 정하고 게임을 하는 것과 같은 원리다. 단 하나 다른 것이 있다면 고스톱에서는 1점의 값을 서로 약속으로 정하지만 주식시장에서는 1원의 주식가치를 미리 서로 약속할 수 없다는 것이다. 설령 약속했다고 하더라도 아무도 지키지 않는다.

기업이익 1원의 질이 서로 다르다는 것은 무슨 의미일까? 가만히 생각해 보면 같은 이익을 낸 두 회사가 있어도 이들 회사의 이익이 서로 다를 것 같다는 생각이 들 것이다. 그럼 어떤 회사의 이익의 질이 더 높을까? 이익의 질이 더 높다는 것은 무슨 의미일까? 첫째는 기업의 이익이 그 회사의 실제 가치를 잘 반영하고 있어야 한다. 이러저러한 조작으로 이익을 부풀리거나 낮추어서는 안 된다. 둘째는 이익이 안정적으로 움직여야 한다. 이익이 지나치게 높게 나오거나 떨어지거나 해서 변동이 심하면 질이 떨어진다. 셋째는 이익이 현금흐름과 거의 일치해야 한다. 우리는 이미 앞에서 기업의 이익이 바로 현금흐름이 아니라는 것은 보았다. 마지막으로는 기업 이익의 장래 전망이 좋아야 한다. 이러한 네 가지 요소를 만족하면 우리는 기업 이익의 질이 높다고 말할 수 있다. 그리고 이런 회사는 당연히 이익 1원의 값에 높은 주가를 매겨야 한다. 즉 높은 배수를 주어야 한다는 의미이다.

영업보고서로 보는 좋은회사 나쁜회사

영업보고서를 해석할 때
주의할 점

회사가 장사를 잘하고 있는지 어떤지를 알아보기 위해 영업보고서를 이용하는 것은 우리에게 편리함도 주지만 동시에 회사를 이해하는 데 방해가 되기도 한다. 이런 오해가 나오는 원인은 크게 다음의 두 가지 때문이다.

하나는 회사의 실력을 모두 숫자로 드러낼 수는 없다는 것이다. 즉 어느 회사의 가치를 그 회사의 재무상태표에 모두 올릴 수는 없다. 예를 들어 2015년 말 기준으로 삼성전자의 총 자산은 약 242조원이다. 이 중 부채 약 63조원을 빼고 나면 주주의 몫은 179조원이 된다. 그러면 이 회사의 주주가치는 장부에 올라 있는 179조원인가? 아니다. 이 회사의 주식이 사고 팔리는 주식시장에 가면 이 회사의 시가총액(주가×총발행 주식수)은 약 214조원이다(2016년 3월 31일 기준). 만약 누군가가 삼성전자 주식을 모두 사서 상장 폐지시키려 한다면 삼성전자의 시가총액은 214조원보다 더 높아질 것이다.

그럼 장부에 올라 있는 회사의 가치와 시장에서 거래되는 회사의 가격 사이의 차이는 어디에서 오는 것일까? 이것은 회사가 가진 가치 중에서 회사 장부에 올라오지 않는 것이 있다는 의미이다. 예를 들면 경영자의 경영 능력, 기업 윤리라든가 회사의 기업 문화, 회사의 제품 이미지, 회사의 제품 개발 능력 등 주로 주관적인 것들이다. 이런 것들이 나중에는 결국 기업의 이익으로 나타나겠지만 지금의 재무상태표 장부에는 올라올 수 없다. 그러므로 회사를 평가하는 사람들은 영업보고서에 올라오지는 않지만 회사가 갖고 있는 중요한 가치들을 파악할 수 있어야 한다.

둘째는 비록 회사의 가치가 영업보고서에 잡힌다 하더라도 회사가 이것을 실제보다 더 부풀리거나 줄일 수도 있다. 이것을 회계분석이라고 한다. 얼굴에 화장하듯이 숫자를 꾸민다는 말이다. 예를 들면 어느 회사가 비자금을 마련해서 정치자금으로 사용했다는 등등이 신문에 오르내리지만 당연히 이런 내용은 회사의 영업보고서에는 드러나지 않는다. 어느 곳엔가 숨어 있다. 즉 회사가 실제 내용을 얼마나 정확하게 숫자로 드러내고 있는지, 혹시 분식을 하고 있지는 않은지 외부인이 찾아내는 것은 아주 어렵다.

회사가 분식을 하는 방법에는 여러 가지가 있다. 그렇지만 그 원리는 아주 간단하다. 만약 실제보다 더 좋게 영업보고서를 만들고 싶다면 다음 두 가지 원리를 따르면 된다. 한 가지는 자산은 늘리고 부채는 줄인다. 그러면 자연히 실제보다 회사의 주주가치, 즉 순가치가 높아진다. 둘째는 손익계산서에서 수익은 늘리고 비용은 줄이면 된다. 그러면 자연히 실제보다 이익이 늘어난다.

비록 한계는 있지만 투자가들이 회사의 이런 분식에 대응하는 한 가지 방법은 현금흐름표를 잘 이용하는 것이다. 회사가 재무상태표와 손익계산서는 비교적 쉽게 조작할 수 있지만 현금흐름표는 조작하기가 좀 어렵다. 그러나 분식회계에서 가장 강력하고 가장 무식한 방법은 없는 것을 있는 것으로, 또는 있는 것을 없는 것으로 속이는 것이다. 매출이 없는데 있는 것으로 한다든가 부채가 있는데 없는 것으로 조작하는 것이다.

비록 분식회계는 아니지만 투자가가 회사의 영업보고서를 보기 어렵게 만드는 요소가 또 있다.

가장 기본적인 문제는 회사에 일어난 일을 시간적으로 어떻게 인식하느냐의 문제이다. 즉 매출은 빨리 인식하고 비용은 천천히 인식하면 그만큼 이익이 늘어난다. 예를 들어 10년간 장기 서비스 계약을 맺을 경우 이를 당겨서 또는 미루어서 매출로 인식하는 것이 그리 어렵지는 않을 것이다.

다음은 회계 처리 방침을 자주 바꾸는 것이다. 예를 들면 재고자산의 평가 방법이나 감가상각비 계산 방법을 바꾸어서 비용을 줄이거나 늘려서 순이익을 조정하는 것이다.

또는 속이 구린 회사들은 회계 처리 항목을 자주 바꾼다. 특히 회사가 무언가를 숨기고 싶어할 때 투자가들이 이를 눈치 채는 한 가지 길은 영업보고서에 나오는 '기타'란 항목에 주목하는 것이다. 갑자기 기타에 큰 금액이 나오면 회사에 무엇인가 이상한 일이 일어났다고 보아도 좋다.

회사에 어떤 거래가 일어났을 때 이를 어떤 항목으로 처리하느냐도 회사의 손익이나 해석에서 중요하다. 예를 들어서 큰 금액의 지출이 일어난 경우, 이를 비용으로 보고 모두 손익계산서에 집어넣을 것인지 아니면 투자로 보고 일단 자산으로 집어넣어 두고, 이 중의 일부만 감가상각비 형태로 손익계산서에 비용으로 가지고 올 것인지 결정해야 한다. 앞의 방법으로 하면 비용이 크게 늘어나 순이익을 줄일 것이고, 뒤의 방법으로 하면 일부만 비용으로 잡으므로 우선은 순이익이 별로 많이 줄어들지 않는다.

이 문제는 현금흐름표를 이용하면 쉽게 해결할 수 있다. 회사가 일정한 금액을 모두 비용으로 처리하든 아니면 그 중의 일부만을 비용으로 처리하든 현금흐름표의 자유현금에서는 같은 결과를 낳는다.

그러나 현금흐름표에서도 해결하지 못하는 문제가 있다. 대표적인 것이 선수금이다. 선수금이란 회사가 고객에게 아직 제품/서비스를 제공하기 전에 미리 받은 돈을 말한다. 그래서 부채이다. 선수금이 늘어나면 이는 영업활동의 현금의 양을 늘린다. 그러나 가만히 따지고 보면 선수금이란 보통의 경우 그 성격이 차입금과 같다. 회사가 제품을 만드는 데 들어가는 비용을 마련하기 위한 돈을 금융기관에서 이자를 주고 빌려오는 대신에 고객에게 그 이자에 해당하는 만큼 물건의 가격을 깎아 주기로 약속하고 돈을 미리 받아와서 나중에 돈으로 이것을 갚는 것이 아니라 물건으로 갚는 것일 뿐이다. 그렇다면 이것은 영업활동으로 들어가야 할 것이 아니라 재무활동으로 들어가야 한다. 회사가 차입금이 아니라 선수금을 활용하면 회사는 영업활동현금흐름이 풍부한 것으로 보이고, 동시에 부채가 낮아지는 효과도 얻게 된다. 선수금 중에서도 위의 경우와 달리 공급이 모자라서 고객이 미리 돈을 주고 줄을 서는 경우도 있다.

회사에게 이런 식으로 회계처리를 하지 말라고 요구할 수는 없다. 투자가들이 스스로 영업보고서를 보는 능력을 키워서 정직한 회사를 찾아내고, 속이려는 회사에게 속지 않는 능력을 갖추는 길밖에 없다.

주요 용어
설명

시가총액과 수정주가

주식시장에서 주식의 가격은 한 주에 1만원, 2만원 등으로 거래된다. 한 주의 가격을 그 회사가 발행한 전체 주식 수로 곱하면 이것이 시가총액이다. 예를 들어 어느 회사가 모두 10주의 주식을 발행하고, 한 주의 가격이 1만원이면 그 회사의 시가총액은 1만원×10주=10만원이다. 즉 시가총액이란 그 회사가 발행한 전체 주식의 가치 또는 그 회사 주식을 가진 사람=주주들이 회사에 대해 갖는 몫의 시장 가격이다.

그런데 회사는 필요에 따라 주식 수를 늘리거나 줄일 수 있다. 예를 들면 자본을 마련하기 위해서 새로 주식을 발행하는 것은 물론이며(유상증자), 때로는 그냥 주식을 발행해서 기존의 주주들에게 공짜(?)로 나누어 주기도 하고(무상증자), 때로는 주식 1주를 가지고 있던 사람에게 2주로 바꾸어 주거나 반대로 2주를 가지고 있던 사람에게 1주로 바꾸어 주기도 한다(액면변경). 때로는 10주를 가지고 있던 사람에게 몇 주를 사서 불태워 버리거나(유상매입 후 소각=유상감자), 몇 주만 남기고 나머지는 빼앗아 버리기도 한다(무상감자).

이처럼 회사가 발행한 주식의 총 수가 변해도 새로 현금이 들어오거나 나가지 않는 한, 실제 회사의 가치에는 어떤 변화도 일어나지 않은 것이다. 예를 들어 어느 회사의 발행 주식 수가 모두 10주인 경우, 이 10주를 1주로 바꾼다고 해서 시가총액이 바뀌는 것은 아니다. 단지 1주의 가격이 바뀌는 것이다. 만약 10주였을 때 1주의 가격이 1만원이었다면 그 회사가 발행한 주식의 전체 가격은 10만원이 된다. 10주가 1주로 바뀌었어도 이 회사의 전체 주식 가치가 바뀐 것이 아니므로 줄어든 1주의 주가는 10만원이 되어야 한다.

$$10주 \times 1만원 = 1주 \times 10만원$$

예를 들어 2016년 4월 5일에 위와 같은 일이 일어났다고 하자. 그러면 4월 5일에 1만원이던 그 회사 주가는 그 다음날 아무런 새로운 변화가 없다면 10만원이 되어야 한다. 만약 이를 그냥 그림으로 그리면 주가가 하루 사이에 1만원에서 10만원으로 10배가 올라간 것으로 된다. 그러나 주식 수가 10주에서 1주로 줄어든 지금의 주식 수를 기준으로 보면 어제의 가격은 1만원이 아니고 10만원이 되어야 한다. 이처럼 회사의 가치에는 변화가 없는데도 주식 수에 변화가 일어나서 1주의 주가가 바뀐 경우, 과거의 주가를 지금의 주식 수를 기준으로 바꾸어 주는 것을 주가를 수정한다고 말하고 바뀐 주가를 수정주가라고 부른다.

어느 회사의 지금 주가를 과거의 주가와 비교하려면 반드시 수정주가로 보아야 한다. 기술적 분석을 할 때도 반드시 수정주가를 기준으로 해야 한다.

자산과 자본

때로 재무지표에 나오는 숫자를 수정해서 사용해야 하는 경우가 있다. 이 경우에는 여기에 회계 용어를 붙여야 하는데, 통일된 기준이 없어서 자주 혼란이 일어날 수 있다. 특히 새로운 용어가 단순히 회계 차원을 넘어 여기에 경제 개념이 들어가면서 이 혼란은 더 심해진다. 이런 혼란 중 이 책에서 자주 사용하는 몇 가지 용어를 다음과 같이 정리한다.

자산assets과 자본capitals

여기서 자산이란 재무상태표의 왼쪽에 기록하는 것들, 즉 현금, 유동자산, 고정자산 등을 가리키며, 자본은 재무상태표의 오른쪽에 올라오는 것으로 이런 자산을 만들어내기 위해 사용한 부채와 주주자본을 말한다.

유동자산, 운전자산, 영업자산, 금융자산

유동자산이란 일반 회계 용어 그대로이다. 운전자산이란 넓게는 유동자산 중에서 현금 및 등가물 그리고 단기금융자산을 뺀 것을 말하며, 좁게는 유동자산 중에서도 매출채권과 재고자산을 합친 것만을 말한다. 영업자산이란 넓은 의미의 운전자산에서 무형자산과 관계회사 자산을 합한 것을 말한다. 총자산에서 영업자산을 빼면 자연히 남은 것은 모두 금융자산이 된다.

운전자산(1) = 유동자산 − 현금 및 등가물 − 단기금융자산

$$운전자산(2) = 매출채권 + 재고자산$$

$$영업자산 = 총자산 - 금융자산$$

$$금융자산 = 현금성자산 + 단기금융자산 + 장기금융자산$$

유동부채, 운전부채, 영업부채

유동부채란 재무상태표 부채 계정에 나와 있는 것을 그대로 사용하면 된다. 그런데 때로 유동부채와 구분하여 운전부채라는 용어를 사용할 필요가 생긴다. 이는 마치 유동자산과 구분하여 운전자산이라는 용어를 사용하는 것과 같다. 운전부채 역시 넓게는 유동부채에서 단기차입금을 뺀 것을 말하고 좁게는 매입채무만을 말한다. 그리고 영업부채란 총부채에서 장단기 차입금을 뺀 것을 말한다.

$$운전부채(1) = 유동부채 - 단기 차입금$$

$$운전부채(2) = 매입채무$$

$$영업부채 = 총부채 - 장단기 차입금$$

운전자본 working capitals

운전자산이나 운전부채와 달리 운전자본이라는 용어를 사용할 경우도 있다. 운전자본이란 유동자산에서 유동부채를 뺀 것을 말한다. 때로는 순운전자본이라는 말도 사용한다. 순운전자본이란 자산 중의 매출채권과 재고자산을 합친 것에서 부채의 매입채무를 뺀 것을 말한다. 운전자본이라는 개념을 만들어낸 이유는 회사가 얼마나 유동성을 풍부하게 가지고 있는지 알아보기 위해서이다. 유동자산은 쉽게 현금으로 만들 수 있는 자산이고, 유동부채는 급하게 현금이 나가야 할 부채이다. 그래서 유동자산이 유동부채보다 많아야, 즉 운전자본에 여유가 있어야 회사가 만약의 경우를 대비하여 안심할 수 있다(*여기에도 숫자의 속임이 있다. 때로 회사가 위험해지면 운전자본이 갑자기 늘어나는 경우도 생긴다).

운전자본 = 유동자산−유동부채

순운전자본 = 매출채권＋재고자산−매입채무

자본이익률

여러 가지 재무지표 중에서 가장 중요한 한 가지는 지금까지 회사에 투자된(들어간) 돈에서 만들어내는 수익, 즉 자본수익률이다. 이 자본수익률을 가리키는 용어도 여러 가지가 있고, 자본수익률을 의미하는 지표에도 여러 가지가 있다. 먼저 자본수익률은 자본 대신 자산이라는 말을 사용하기도 하고, 수익이라는 말 대신 이익이라는 말을 사용하기도 한다. 또 이 자본이익률을 둘로 쪼개어 영업자산이익률과 비영업자산이익률로 나누기도 한다. 그래서 이 둘을 합쳐서 볼 경우 총자산이익률이라고 부르기도 한다. 그리고 자본이 투자되었다는 의미에서 투자이익률이라고도 부르며, 투자라는 말이 너무 여러 곳에서 사용되므로 이를 구분하기 위해서 투자라는 말 대신 투하라는 용어를 사용하기도 한다.

자본이익률에는 먼저 주주자본이익률$^{Return on Equities, ROE}$이 있다. 이것은 순이익을 주주자본으로 나눈 것이다. 다음에는 총자산영업이익률

Return on Assets, ROA이 있다. 이는 영업이익을 총자산으로 나눈 것이다.

다음에는 투하자본이익률Return on Invested Capitals, ROIC이 있다. 이는 영업이익을 투하자본으로 나눈 것이다.

주주자본이익률 = 순이익 / 주주자본
총자산영업이익률 = 영업이익 / 총자산
투하자본이익률 = 영업이익 / 투하자본

자유현금흐름Free Cash Flow

회사가 장사를 잘하면 일반적으로 순이익이 늘어난다. 그러나 이미 살펴본 것처럼 순이익이 반드시 현금은 아니다. 손익계산서에 올라오는 순이익은 회사에 어떤 거래가 일어나면 이 거래에서 실제 현금이 들어오고 나가는지는 전혀 신경 쓰지 않는다.

예를 들어 자동차 회사가 오늘 자동차 한 대를 100에 팔고 앞으로 5년 동안 현금을 나누어서 받는 경우, 자동차 회사는 오늘 매출이 100 발생한 것으로 기록한다. 그러나 실제로 현금이 100 들어온 것은 아니다. 그래서 회사에 일어나는 모든 거래를 실제 현금을 기준으로, 즉 현금을 늘리거나 줄인 거래만을 따로 떼어내 정리할 필요가 있다. 이 표가 바로 현금흐름표이다.

이 현금흐름표는 크게 3개 항목으로 나누어져 있다. 회사에 일어나는 모든 거래를 영업활동, 재무활동, 그리고 투자활동으로 나누어 각

각 해당하는 항목에 집어넣는다. 현금이 늘어나는 것을 유입이라고 하고, 현금이 줄어드는 것을 유출이라고 한다. 그리고 유입이 유출보다 많은 경우 이를 잉여(*넘침)라고 말하고, 반대로 유출이 유입보다 많은 경우는 부족이라고 한다.

회사가 만들어진 초기에는 보통 영업활동에서 현금이 부족하다. 그리고 투자가 활발하므로 투자활동에서도 현금이 부족하다. 이 부족한 현금을 마련할 수 있는 곳은 재무활동뿐이다. 그래서 재무활동에는 현금이 넘친다. 점차 시간이 가고, 회사가 자리를 잡으면 영업활동의 현금 부족이 잉여로 서서히 바뀐다. 그러나 투자활동에서는 여전히 현금이 부족하다.

이 단계를 지나서 회사가 성숙단계에 도달하면 영업활동에서는 현금이 넘치고, 투자활동에서는 여전히 현금이 부족하긴 하지만 부족한 정도는 크게 줄어든다. 그러면 영업활동에서 넘치는 현금으로 투자활동의 부족을 메우고도 현금이 남는다. 이 현금을 이제 과거 현금이 모자랄 때 재무활동으로 조달해 온 현금, 즉 차입금이나 증자를 갚아 주거나 되돌려주는 데 사용한다.

회사가 재무활동에서 과거의 빚을 갚거나 주주에게 배당을 주거나 또는 자사주를 사려면 투자활동을 하고도 현금이 남아야 한다. 즉 영업활동의 넘치는 현금에서 투자활동에 사용하고도 남는 현금이 있어야 이것을 재무활동에 사용할 수 있다. 바로 이것이 자유현금흐름이다.

이 현금에 자유라고 이름을 붙인 것은 회사가 영업활동에서 들어오는 현금으로 계속 성장을 위한 투자를 하고도 남는 현금이기 때문이다. 이 현금은 회사가 주주를 위해서 마음대로 사용할 수 있기 때문이다. 단, 여기서 투자활동이란 기본적으로는 유형자산 투자만을 말한다. 관계회사 투자 또는 단기금융자산 투자는 아니다. 그러나 무형투자와 관계회사투자를 투자의 개념 속에 넣을 수도 있다. 이 경우는 투자를 더 폭넓게 보고 자유현금을 좁게 보는 것이 된다. 우리는 자유현금을 계산할 때 위의 방식을 따르기로 한다.

자유현금흐름 = 영업활동현금흐름 – 유형자산투자

– 무형자산투자 – 관계회사자산투자

리스Lease

회사가 생산 설비를 마련하는 방법에는 크게 두 가지가 있다.

하나는 돈을 주고 사오는 것이다. 다른 하나는 설비를 빌려서 사용하는 것이다. 대신에 물론 사용료는 내야 한다. 가끔 소설에서 보면 어느 가난한 청년이 처녀를 만나러 갈 때 옷을 살 돈이 없어서 세탁소에 가서 신사복을 빌려서 입고 나가는 장면이 나온다.

기업이 설비를 빌려서 사용하는 이유에는 여러 가지가 있다. 예를 들어 설비의 기능이 기술의 빠른 변화로 자주 바뀌면 설비를 사는 것보다는 빌려서 사용하는 것이 비용이 더 적게 들 수 있다.

회사가 리스를 할 경우 이를 회계 처리하는 방법에는 두 가지가 있다.

비록 설비를 빌려오지만 그 설비를 빌려오는 회사의 것으로 보는 경우와 그 설비를 빌려주는 회사의 것으로 보는 경우로 나누어진다. 앞의 것은 전문 용어로 금융 리스$^{financial\ lease}$라고 부르고 뒤의 것은 운용 리스$^{operational\ lease}$라고 부른다. 일정한 조건에 해당하는 경우만 금융 리스로 처리할 수 있다.

운용 리스를 할 경우, 회사는 그 설비가 회사의 것이 아니므로 그냥 설비를 사용하는 리스료만 지급하면 된다. 그러나 금융 리스의 경우는 앞으로 나갈 리스료에 해당하는 금액만큼을 리스 부채로 부채에 올리고, 같은 금액을 리스 자산으로 자산에 올려야 한다. 즉 리스 회사가 빌려주는 돈으로 그 회사에서 설비를 사온 것으로 본다. 그래서 회사는 리스 자산에 대해 다른 자산과 마찬가지로 감가상각 처리를 하고, 리스 부채에 대해 원리금에 해당하는 리스료를 비용으로 지급한다.

만약 같은 설비를 회사 갑은 운용 리스(*월세)로 하고 회사 을은 금융 리스(*대출 받아 주택 매입)로 한 경우, 회사 갑의 자산과 부채는 회사 을보다 적어진다. 그래서 회사 갑은 부채 비율이 낮아 보이고, 각종 자산의 효율성도 높아 보인다. 이런 경우 이 두 회사를 서로 비교하려면 한 가지 기준으로 통일해야 실수를 줄인다.

한국에서는 외환위기로 원화 가치가 심하게 떨어지자 외화 부채로 대형 설비를 구입한 회사, 즉 항공 회사와 해운 회사들이 갖고 있던 비행기나 배를 팔고 이를 다시 리스하는 일이 일어났다. 이는 자산에 올라 있는 중고 자산을 장부가보다 더 비싸게 팔아서 손익계산서에 매각 차익을 만들어내는 한편 자산을 팔아서 마련한 현금으로는 원화 표시로 자꾸만 늘어나는 부채를 갚기 위해서였다.

선수금

재무상태표의 부채 중에서 재미있는 계정이 하나 있다. 선수금이다. 물건을 파는 회사 입장에서 보면 앞으로 물건을 팔고 받을 돈을 물건을 주기 전에 미리 받는 것이다. 보통은 물건을 팔고도 돈을 바로 받지 못하는 외상거래가 대부분인데, 이 경우는 반대로 아직 물건을 주지 않았는데도 물건값을 미리 받는 것이다. 그만큼 물건을 파는 회사의 힘이 세다는 의미이고 고객의 주문이 많다는 의미이다.

이 선수금 계정은 회계처리가 약간 복잡하다. 그래서 해석에 어려움을 준다. 다음의 사례를 보자.

[거래 1] 한국의 갑이라는 조선회사가 3년 뒤에 배를 지어 건네주기로 하고 100이라는 선수금을 받았다.

현금 100	선수금 100	영업활동 +100
		투자활동
		재무활동

앞으로 배를 만들어서 건네주기로 약속하고 미리 받은 돈 100이 부채에 생기고, 그렇게 받은 돈은 자산에 현금 등의 형태로 자리 잡는다. 한편 이 거래를 현금 기준으로 보면 영업활동을 통해서 현금이 회사 안으로 100 들어온 것이다. 이렇게 회사 안으로 현금이 들어오지만 아직 이 회사는 매출이나 순이익이 늘어나지 않는다.

[거래 2] 회사가 3년 뒤에 배를 만들어서 발주자에게 건네주었다.

현금	선수금	영업활동
	매출액 100	투자활동
		재무활동

갑이라는 조선회사는 배를 지어서 고객(선주)에게 건네준다. 배 값은 이미 받았으므로 물건만 건네준다. 즉 선수금 100이 사라지고 매출액 100이 생긴다. 그리고 현금흐름표로 오면 비록 매출이 생겼더라도 현금이 새로 들어오는 것이 아니므로 영업활동 현금에는 새로운 변화가 없다.

[거래 1]과 [거래 2]를 종합해 보면 선수금은 공짜로 생긴 돈이 아니다. 그냥 미래의 매출을 당겨온 것뿐이다. 선수금이 생긴 경우 초기에는 현금흐름이 늘어나지만 시간이 가면서 매출이 늘어나고 선수금은 줄고 현금흐름도 줄어든다. 보통의 경우, 미래를 미리 당겨오는 것은 그렇게 좋은 일이 아니다. 먼저 즐기고 고생은 나중에 하는 것이므로 사람의 마음이 간사해지기 쉽다. 투자가들도 선수금으로 회사에 현금 여유가 생긴 것을 보고 너무 좋아할 일은 아니다. 여전히 중요한 것은 매출이 많이 늘어나고, 특히 매출이익률이 올라가는 것이다.

회사들 중에서는 가끔 나쁜 마음을 먹고 선수금을 악용하는 경우가 있다. 선수금은 사실 돈을 빌려오는 것과 다르지 않다. 예를 들어 어느 회사가 100이라는 매출을 하기 위해서 100이라는 자금이 필요하다고 하자. 이 회사는 이 돈에 이자 10을 주어야 한다. 그런데 이 물건을

사가지고 갈 고객은 100이라는 돈을 빌리는 데 이자를 5만 준다고 하자. 이 경우 고객은 그 물건의 값을 93으로 깎아 주면 93을 선수금으로 미리 주겠다고 할 수 있다. 그러면 회사와 고객은 그렇지 않은 경우보다 둘 다 이익을 보게 된다.

뿐만 아니라 이 경우 회사는 영업활동에서 현금이 발생한 것으로 되어 그만큼 겉으로는 좋아 보인다. 만약 돈을 빌린다면 재무활동에서 차입금이 늘어나므로 신용평가에도 나쁜 영향을 준다. 특히 회사가 고객에게 건네주는 물건이 유동성이 강한 원유나 국제원자재인 경우 회사는 고객에게 물건을 넘기기로 약속한 날짜에 실제로 물건을 넘기지 않을 수도 있다. 고객이 회사에게 다시 팔면 된다.

만약 이 거래의 고객이 금융회사라고 가정해 보자. 이 회사는 실제로 금융회사에서 돈을 빌리면서도 이를 차입금이 아니라 선수금으로 처리한 것이 된다. 이것은 미국 엔론Enron이라는 회사에서 실제로 일어난 일이다. 엔론은 회계부정의 사례로 자주 등장하는 회사이다.

영업권Goodwill

우리는 어느 회사의 가치가 반드시 그 회사의 장부가격과 일치하지는 않다는 것을 알고 있다. 어느 회사의 총자산이 150인데 지고 있는 빚이 50이라고 하자. 그러면 이 회사의 순장부가격(총자산-부채=자기자본)은 100이다. 그런데 이 회사의 시가총액, 즉 시장에서 거래되는 가격은 150이라고 하자. 이 회사의 이름은 을이다.

갑이라는 회사가 회사 을을 시장가격으로 인수한다고 하자. 그러면 갑은 장부가격으로 100인 회사를 150을 주고 산 것이다. 이때 100과 150의 차이 50을 어떻게 회계 처리할 것인가?

얼른 생각나는 것은 이 차이 50을 장부가격 100을 구성하고 있는 각 자산에 알맞게 나주어 주는 것이다. 그러나 이것은 쉬운 일이 아니다. 각 자산의 시장 가격을 하나하나 검토해야 한다. 이보다 더 큰 어려움은 이렇게 해도 문제가 풀리지 않는다는 것이다. 기존의 어느 자산에도 들어가지 않으면서도 회사 영업에는 중요한 영향을 주는 자산이 있기 때문이다. 즉 경영지배권, 경영자의 능력, 기업의 문화, 연구개발능력, 조직 구성원의 협동심 등 구체적인 자산으로 기록할 수는 없지만 회사 장사에는 중요한 영향을 주는 가치가 있기 때문이다. 바로 이런 무형의 가치가 회사 을의 시장가격을 장부가보다 50 더 높게 만들어 주고 있는 것이다. 그래서 이것을 해결하기 위해 생각해낸 것이 영업권이다. 회사 갑이 실제로 지불한 가격과 장부가의 차이인 50을 영업권이라고 이름을 붙여서 무형자산에 집어넣는다.

지금부터 더 재미있는 일이 벌어진다. 50을 영업권이라고 이름 붙여서 무형자산에 집어넣고 나면 앞으로 이 영업권을 어떻게 회계 처리할까? 모든 자산은 자산이 가진 가치를 정확하게 기록해야 한다. 즉 시장가격으로 평가해야 한다. 그런데 일부 자산은 시장가격이 없을 수도 있고, 너무 변동이 심할 수도 있어서 원가로 기록하고 있다. 이 경우에도 실제 그 자산의 가격이 올라가는 경우는 크게 문제가 되지 않는다.

그러나 시간이 가면서 자산의 가치가 떨어지는데 장부에는 그대로 원가로 기록하고 있으면 그 장부가격은 거짓이 된다. 그래서 원가로 기록하고 있는 자산, 특히 유형자산은 거짓을 막기 위해서 토지만 제외하고 감가상각을 한다. 토지는 시간이 흘러도 가치가 줄어든다고 보지 않는다.

이런 원리에 따라 영업권도 마찬가지로 감가상각을 한다. 보통 20년에 나누어서 비용 처리를 한다. 그러면 실제로 갑이 을에게서 사온 영업권은 시간이 가면서 그 가치가 줄어들까? 아니면 오히려 시간이 가면서 더 커질까? 만약 더 커진다면 회사 갑의 가치는 더 높아지는데 반대로 회사 갑의 이익은 영업권 상각으로 그만큼 더 작아진다(이런 문제 때문에 최근 바뀐 국제회계기준에서는 영업권을 상각하지 않기로 했다. 대신 연말에 영업권을 재평가하여 가치가 줄어들었다면 그 차액은 손실로 인식해야 한다). 이런 상황을 드러내기 위해서 무형자산에 올라 있는 영업권을 회계적인 영업권이라고 부르고, 실제 장사에 도움을 주는 영업권을 경제적 영업권이라고 구분한다. 투자가는 경제적인 영업권이 큰 회사를 찾아야 한다. 이를 찾을 수 있는 능력을 가졌다면 뛰어난 투자가라고 할 수 있다.

제 **2** 장

—

한국의 주요기업 사례분석

■ 주의사항

이 책은 여기에 나오는 회사들에 대해 투자의견을 제시하고 있는 것이 아닙니다. 그리고 당연한 말이지만 이 책에 나오는 판단이 이 회사들에 대한 정확한 분석이라고 주장하지도 않습니다. 다만 여러 가지 생각들 중 하나일 뿐입니다.

　　이 책은 회사가 만든 영업보고서를 통해 그 회사를 어디까지 분석할 수 있는지 연습해 보는 자료입니다. 다시 한번 강조하지만 저자는 이 책에 나오는 회사들에 대해 투자의견을 제시하거나 투자를 권유하고 있지 않습니다. 이 책의 저자는 그런 것과는 아무런 이해관계도 갖고 있지 않습니다.

　　이 책에서 사용된 기초 자료와 판단은 최대한 노력은 했지만 틀릴 수도 있습니다. 그리고 별도로 알리지 않고 바뀔 수도 있습니다. 이 책은 투자가, 기업인 및 관계인들이 회사에 대한 의사결정을 내릴 때 영업보고서에서 얼마나 도움을 받을 수 있는지 살펴보는 교육용 자료입니다.

　　참고로 이 책에 나오는 기초 재무수치와 주가는 WISEfn에서 제공받은 것입니다. 이 자리를 빌려 WISEfn에 다시 한번 감사드립니다. 그리고 그 숫자를 기초로 회사에 대해 내린 판단은 어디까지나 저자의 몫입니다.

　　이 책에 나오는 회사들과 이런저런 이해관계를 가진 분들은 최종 의사결정을 내릴 때 반드시 자기 스스로의 판단에 따르기 바랍니다. 혹시 그 일이 잘못된 경우 이 책의 저자에게 법적, 윤리적인 책임이 없음을 밝힙니다. 각자 스스로의 판단에 따라 결정을 내리길 다시 한번 강조합니다.

[코스피 주요 10사]

005930

삼성전자

주가와 재무

범례:
- 매출(연,십억원)
- 시가총액(십억원)
- 순이익(연)
- 주주자본(십억원)

삼성전자

haclass.com

회사의 전체 모습

억원

범례:
- 매출(연)
- 자산
- 부채
- 자본

삼성전자

이 회사의 주가는 2013년부터 계속 내려오고 있다. 순이익은 2014년부터 내려왔다. 지금은 주가가 거의 장부상 주주자본에 가깝게 붙어 있다. 회사의 전체 모습을 보면 매출은 줄고 자산은 증가속도는 줄었으나 자본과 같이 늘어나고 있다. 자산과 매출 사이의 거리는 많이 벌어졌다.

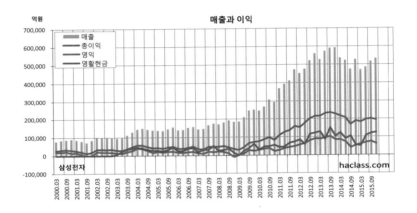

매출과 이익의 움직임을 분기별로 보면 매출은 줄어들다 최근에 다시 조금 올라가고 있다. 그러나 이익에는 그런 변화가 없다. 현금흐름은 대체로 이익이 같이 가면서 이익보다는 약간 더 높다.

회사의 매출액이익률에는 별 변화가 없다. 그리고 총이익에서 나오는 영업이익의 수준은 좀 낮은 편이다.

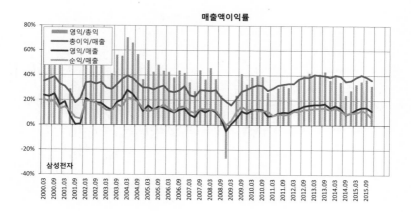

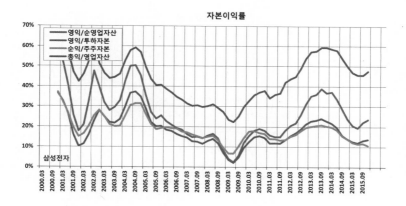

　　회사의 자본이익률은 주기적인 변동을 보이고 있다. 최근에도 낮
아졌으나 다시 약간 올라가고 있다. 이번의 변동을 이것으로 마무리할
수 있을지가 중요하다.

　　회사의 자유현금은 최근 영업에서 나오는 현금의 양이 많아진 반
면에 투자로 들어가는 현금은 줄어서 과거에 비해서 흑자 규모가 올라
갔다.

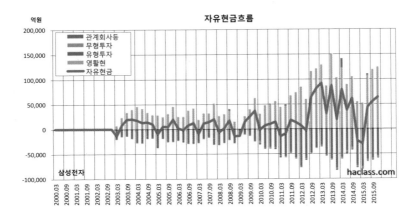

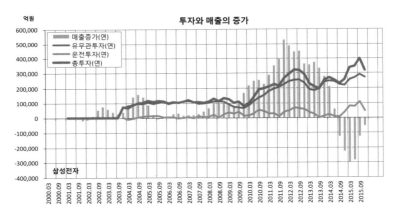

투자와 매출의 관계를 보면 약간의 개선 움직임에도 불구하고 아직 투자에서 나오는 매출의 규모에는 별 영향이 없다. 아직도 매출이 줄고 있어 투자의 효과는 나오지 않고 있다.

회사의 지난 일년의 현금흐름을 보면 자유현금에서 나온 현금을 자사주 매입이나 배당으로 주주에게 돌려주고 있다.

[현금흐름표]

삼성전자	2015.03	2015.06	2015.09	2015.12	연간
영활현	51,220	107,096	118,738	123,564	400,618
유형투자	(76,681)	(62,381)	(60,167)	(56,001)	(255,231)
무형투자	(4,198)	(3,931)	(2,996)	(3,883)	(15,008)
관계회사등	(656)	2,750	(693)	0	1,401
자유현금	(30,316)	43,534	54,882	63,680	131,780
	조달	운용			
단기금융	0	(41,287)			
장기금융	38,349	0			
기타투자	98	0			
차입금	15,934	0			
증자	0	0			
자사주매입	0	(50,121)			
배당	0	(31,295)			
기타투자	0	(253)			
현금증가	0	(57,960)		억원	
환율변동	0	(5,245)		haclass.com	
합계	54,382	(186,161			

*지표의 숫자 표기들 중 괄호로 묶인 것은 마이너스를 의미함.(이하 동일)

[요약]

회사의 지금 시가총액은 214조원이다. 이를 지난 일년 동안의 순이익과 비교하면 주가는 이익의 약 11배 수준이다. 이는 이 회사의 자본이익률과 비슷하다. 지금 회사의 주가가 이토록 낮은 것은 시장에서는 앞으로 실적이 더 나빠질 것으로 보고 있기 때문이다. 혹시 실적이 더 나빠지지만 않는다면 지금의 주가는 회사의 실력에 비해서 낮은 수준이다.

[투자지표와 재무지표]

삼성전자 2015.12 억원	자산 2,421,795	부채 631,197	시가총액	2,139,136	시가/순익	11.2	
		자본 1,790,598	영활현금 투자현금	400,618 (268,838)	시가/자본 시가/자유현 시가/매출	1.2 16.2 1.1	
	영업이익 264,134 순이익 190,601	매출액 2,006,535	자유현금	131,780	배당/시가	1.5%	
						1년전	5년전
					매출/영업자	1.8	2.0
					매출/유형자	2.3	2.7
		보통주	우선주		매출/운전자	4.2	4.5
	주가(원)	1,308,000			영익/영업자	23.6%	26.7%
	주식수(천주)	145,069			영익/투하자	13.8%	17.1%
	시가총액(억)	1,897,506	241,630		순익/자본	10.6%	15.6%
					총익/매출	38.5%	37.0%
	2016.3.30				영익/매출	13.2%	13.1%
					순익/매출	9.5%	10.9%
	* 2011.03부터 연결실적				운전투/매출	-2.3%	-2.0%
					유형투/매출	-12.7%	-11.5%
					매출증	-2.7%	5.3%
	haclass.com				영익증	5.5%	9.7%
					순익증	-18.5%	3.4%

한국전력

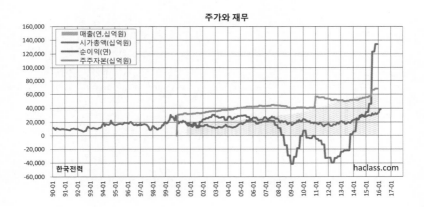

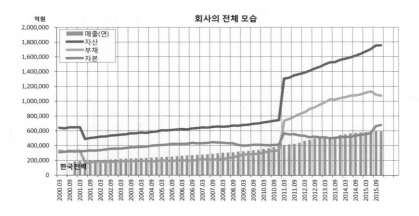

이 회사의 주가는 지난 2년 동안 약간 올랐다. 과거에는 오랫동안 옆으로 갔다. 그리고 순이익은 과거에 아주 큰 적자를 냈으나 지금

은 반대로 많은 이익을 만들고 있다. 아직 주가는 장부상 주주자본보다 많이 아래에 있다. 매출액도 아직 자산보다 많이 아래에 있다.

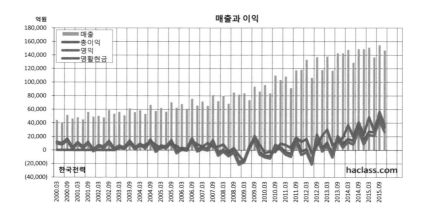

회사는 최근에 매출이 늘면서 이익도 올라가고 있다.

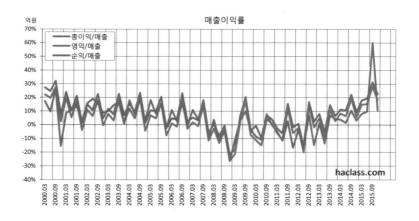

이 회사는 매출액이익률이 20%를 넘어서 거의 30%에 이르고 있다. 이것은 정말 생각하기 어려웠던 일이다. 물론 매출증가도 약간 있었

지만 원재료 가격 하락이 주요 원인일 것이다.

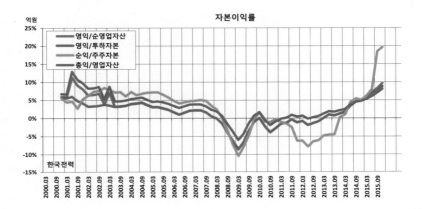

이익이 늘면서 자본이익률도 올라가고 있다. 그러나 아직 그 수준
은 낮다.

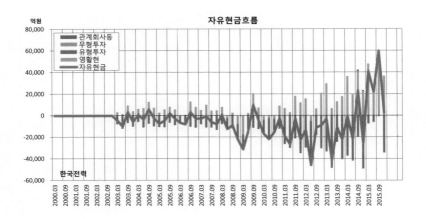

회사의 자유현금은 영업에서 나오는 현금의 양이 늘면서 최근에는
흑자를 내고 있다.

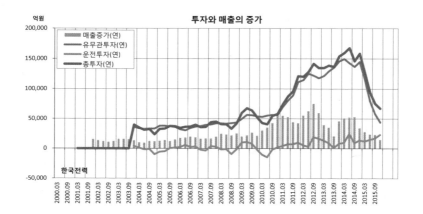

[현금흐름표]

한국전력	2011.12	2012.12	2013.12	2014.12	2015.12	합계
영활현	41,447	39,168	68,839	120,457	169,431	439,343
유형투자	(105,598)	(113,463)	(141,396)	(144,362)	(42,061)	(546,880)
무형투자	(421)	(663)	(716)	(668)	(875)	(3,342)
관계회사등	(5,463)	(3,858)	(3,607)	283	(950)	(13,594)
자유현금	(70,035)	(78,814)	(76,879)	(24,290)	125,545	(124,474)
	조달	운용				
단기금융	0	0				
장기금융	0	(50,162)				
기타투자	0	(2,546)				
차입금	186,334	0				
증자	0	0				
자사주매입	8,530	0				
배당	0	(7,880)				
기타투자	7,302	0				
현금증가	0	(16,930)			억원	
환율변동	0	(174)			haclass.com	
합계	202,166	(77,692)				

이 회사의 한 가지 특징은 투자액에 비해서 매출증가액이 많이 모자른다는 점이다. 이런 현상은 지금도 계속되고 있다. 아마도 이것이 거의 비슷해지거나 넘어서야 주가에 큰 변동이 오지 않을까?

회사의 현금흐름을 보면 자유현금이 계속 적자에서 최근에야 흑자로 돌아섰다. 이 회사는 과거 5년 동안 자유현금 적자를 거의 모두 차입금으로 메워 왔다. 그래서 차입금의 수준이 매우 높다. 거의 매출액과 비슷한 수준이다.

[투자지표와 재무지표]

한국전력	자산	부채	시가총액	384,536	시가/순익	2.9	
2015.12	1,752,574	1,073,149			시가/자본	0.6	
억원		자본	영활현금	169,431	시가/자유현	3.1	
		679,425	투자현금	(43,886)	시가/매출	0.7	
	영업이익	매출액	자유현금	125,545	배당/시가	1.1%	
	113,467	589,577				1년전	5년전
	순이익				매출/영업자	0.5	0.5
	134,164				매출/유형자	0.4	0.4
		보통주	우선주		매출/운전자	4.8	4.5
	주가(원)	59,900			영익/영업자	9.9%	2.9%
	주식수(천주)	641,964			영익/투하자	8.9%	2.7%
	시가총액(억)	384,536			순익/자본	19.7%	2.6%
					총익/매출	22.9%	9.3%
	2016.3.30				영익/매출	19.2%	5.6%
					순익/매출	22.8%	2.8%
	* 2011.03부터 연결실적				운전투/매출	-3.9%	-2.7%
					유형투/매출	-7.1%	-21.1%
					매출증	2.6%	8.4%
	haclass.com				영익증	96.1%	48.3%
					순익증	379.3%	흑전

[요약]

이 회사의 지금 시가총액은 38조원이다. 이를 지난 일년의 순이익과 비교하면 주가는 이익의 2~3배로 매우 낮은 수준이다. 주가이익배수가 이토록 낮은 것은 갑자기 이익이 늘어나서이다. 그리고 시장에서는 이 이익을 인정하지 않고 있다. 즉 원재료 가격 하락이 일시적이라고 생각하기 때문일 것이다. 그래도 자본이익률이 자본비용보다 높다면, 그리고 앞으로도 높을 것으로 본다면 지금의 주가는 좀 더 올라가야 하지 않을까? 그렇지 않으면 이익과 주가 사이의 관계를 근본적으로 의심해야 한다.

현대차

주가와 재무

- 매출(연,십억원)
- 시가총액(십억원)
- 순이익(연)
- 주주자본(십억원)

현대차

haclass.com

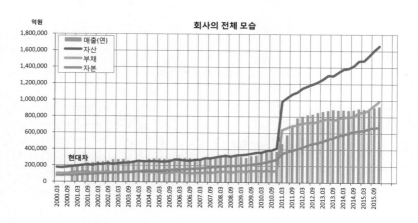

회사의 전체 모습

억원

- 매출(연)
- 자산
- 부채
- 자본

현대차

이 회사의 주가는 2014년 들어서 떨어지기 시작했다. 지금은 장부
상 주주자본의 거의 절반 수준까지 떨어졌다. 순이익은 2013년부터 낮

아졌다.

　회사의 전체 모습을 보면 매출은 옆으로 가고 자산은 부채의 증가로 같이 늘어나고 있다. 자산과 매출의 거리는 많이 벌어졌다.

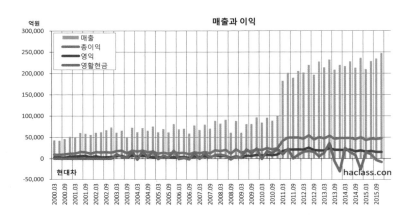

　회사의 매출과 이익을 분기별로 보면 매출은 옆으로 가고 영업이익과 현금흐름은 내리막길이다.

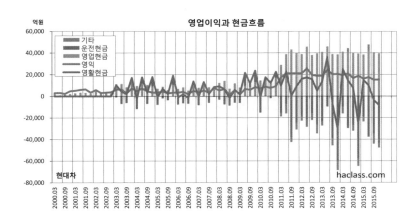

이익과 현금흐름의 관련을 보면 영업현금은 정체하고 운전현금은 많아서 영업활동현금흐름이 적자인 경우가 자주 일어난다. 즉 회사의 현금흐름은 좋지 않다.

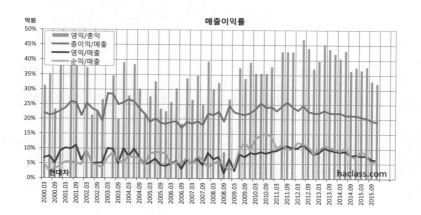

회사의 매출액이익률을 보면 이익률이 자꾸 내려가고 있다. 총이익에서 나오는 영업이익의 수준도 낮아지고 있다. 지금 회사는 어려움에 들어가 있다. 자본이익률 역시 내리막이다.

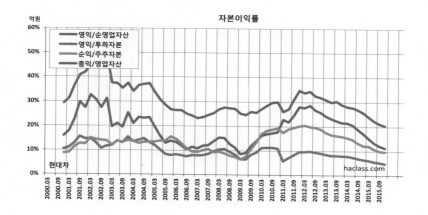

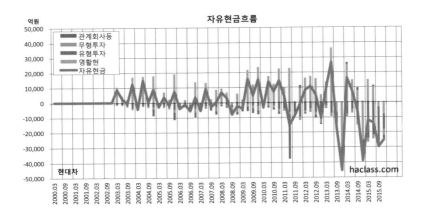

　　자유현금흐름도 적자이다. 영업활동현금이 적자인데 여기에 투자
현금까지 들어가서 적자이다.

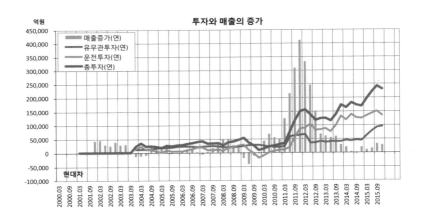

　　투자액과 매출액 증감을 비교하면 매출액이 거의 늘지 않아서 투
자효과는 잘 나타나지 않고 있다. 투자액은 늘어나고 있다.

회사의 지난 5년간의 현금흐름을 보면 자유현금흐름이 적자이고
이 적자를 차입금으로 메웠다.

[현금흐름표]

현대차	2011.12	2012.12	2013.12	2014.12	2015.12	합계
영활현	41,321	53,397	12,085	21,208	12,484	140,495
유형투자	(27,905)	(29,308)	(28,646)	(33,068)	(80,790)	(199,717)
무형투자	(7,522)	(7,967)	(9,644)	(13,640)	(12,030)	(50,802)
관계회사등	(27,496)	(3,243)	(1,296)	3,466	(1,576)	(30,145)
자유현금	(21,601)	12,879	(27,501)	(22,033)	(81,912)	(140,168)
	조달	운용				
단기금융	0	(24,057)				
장기금융	0	(47,449)				
기타투자	256	0				
차입금	274,434	0				
증자	7,694	0				
자사주매입	0	(8,601)				
배당	0	(35,530)				
기타투자	0	(4,821)				
현금증가	0	(11,156)			억원	
환율변동	0	(10,604)			haclass.com	
합계	282,385	(142,217)				

현대차 2015.12 억원	자산 1,653,679	부채 984,865	시가총액	411,259	시가/순익	6.3	
		자본	영활현금	12,484	시가/자본	0.6	
		668,814	투자현금	(94,396)	시가/자유현	−5.0	
	영업이익	매출액	자유현금	(81,912)	시가/매출	0.4	
	63,579	919,587			배당/시가	3.3%	
	순이익					1년전	5년전
	65,092				매출/영업자	1.6	2.2
					매출/유형자	3.2	3.9
		보통주	우선주		매출/운전자	5.2	6.0
	주가(원)	155,500			영익/영업자	11.3%	20.7%
	주식수(천주)	220,276			영익/투하자	4.8%	7.6%
	시가총액(억)	342,530	68,729		순익/자본	9.7%	15.4%
					총익/매출	19.9%	22.2%
	2016.3.30				영익/매출	6.9%	9.0%
					순익/매출	7.1%	9.4%
	* 2011.03부터 연결실적				운전투/매출	−14.7%	−12.9%
					유형투/매출	−8.8%	−4.6%
	haclass.com				매출증	3.0%	−4.0%
					영익증	−15.8%	−7.0%
					순익증	−14.9%	−4.0%

[요약]

회사의 지금 시가총액은 41조 1천억원이다. 이를 이 회사의 지난 일년의 순이익과 비교하면 주가는 이익의 약 6배 수준이다. 회사의 자본이익률과 비슷하다. 지금의 주가는 장부상 주주자본의 약 절반 수준이다. 주가가 이렇게 많이 떨어진 것은 시장에서 앞으로 이 회사의 실적이 더 나빠질 것으로 보기 때문이다. 자본이익률이 여기서 더 떨어지면 회사는 자본비용 이상의 이익을 내기 어려워진다. 당장은 주가가 지나치게 떨어진 느낌이 있지만 장래를 생각하면 판단하기가 쉽지 않다.

현대모비스

주가와 재무

현대모비스

haclass.com

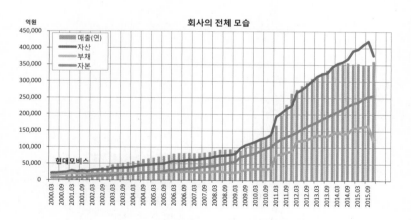

회사의 전체 모습

현대모비스

이 회사의 주가는 2011년 중반부터 떨어지기 시작했다. 최근에는 약간 회복중이다. 순이익은 2013년부터 정체하다 떨어졌다. 지금은 주가가 주주자본보다 더 아래에 있다.

회사의 전체 모습을 보면 매출은 정체하고 자산은 늘어나서 자산과 매출 사이의 거리는 멀어졌다.

자산의 구성(2015.12)

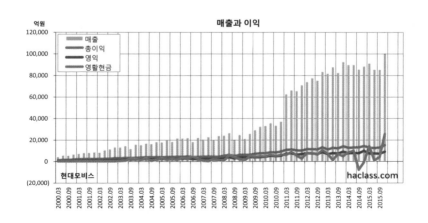

회사의 자산구조를 보면 관계회사 자산의 비중이 제일 높다.

회사의 매출과 이익의 움직임을 분기별로 보면 매출이 줄어들다 최근 분기에 갑자기 올랐다. 영업이익은 옆으로 가고 있다. 현금흐름은 이익을 따라 움직이나 변동이 심하다.

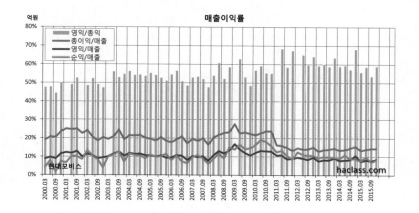

회사의 매출액이익률은 한 단계 낮아져서 옆으로 가고 있다. 총이익에서 나오는 영업이익의 수준도 낮아지고 있다. 이 회사는 특히 자본이익률이 많이 낮아졌다.

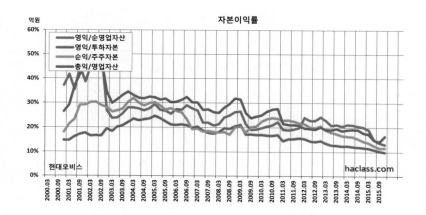

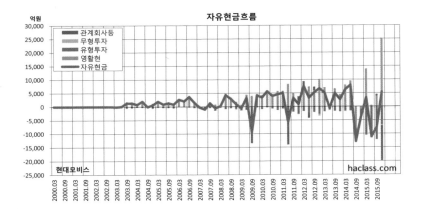

이 회사의 자유현금흐름을 보면 최근에 투자가 늘어나면서 자유현
금이 적자로 들어갔다.

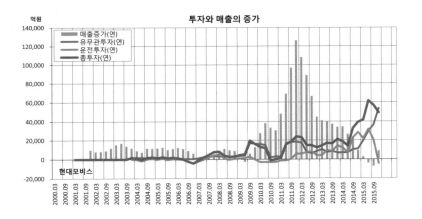

투자는 늘어났으나 매출은 줄고 있어 사정이 좋지 못하다.

지난 일년 동안의 현금흐름을 보면 투자액이 많아서 자유현금이
적자이다. 이 적자는 차입금과 증자로 메웠다.

[현금흐름표]

현대모비스	2015.03	2015.06	2015.09	2015.12	연간
영활현	13,924	487	3,879	25,229	43,519
유형투자	(10,495)	(11,051)	(12,214)	(6,712)	(40,472)
무형투자	(122)	(88)	(17)	(312)	(539)
관계회사등	0	(426)	652	(12,846)	(12,620)
자유현금	3,307	(11,078)	(7,700)	5,359	(10,112)
	조달	운용			
단기금융	7,680	0			
장기금융	0	(3,341)			
기타투자	0	(195)			
차입금	4,839	0			
증자	2,129	0			
자사주매입	0	(2,347)			
배당	0	(2,923)			
기타투자	0	(0)			
현금증가	4,136	0		억원	
환율변동	134	0		haclass.com	
합계	18,917	(8,805)			

[요약]

지금 이 회사의 시가총액은 24조 3천억원이다. 이를 지난 일년간의 순이익과 비교하면 주가는 이익의 8배 수준이다. 회사의 자본이익률보다 약간 낮다. 이 회사는 최근에 실적이 나빠지고 있어서 시장에서는 장래를 밝게 보지 않는 모양이다. 늘어난 투자가 효과를 내야 주가가 올라갈 것으로 본다.

[투자지표와 재무지표]

현대모비스	자산	부채	시가총액	243,360	시가/순익	8.0
2015.12	377,748	120,986			시가/자본	0.9
억원		자본	영활현금	43,519	시가/자유현	-24.1
		256,762	투자현금	(53,631)	시가/매출	0.7
	영업이익	매출액	자유현금	(10,112)	배당/시가	1.2%
	29,346	360,197				

			1년전	5년전
순이익		매출/영업자	1.6	2.2
30,400		매출/유형자	4.5	7.5

	보통주	우선주	매출/운전자	4.0	4.1
주가(원)	250,000		영익/영업자	13.3%	19.8%
주식수(천주)	97,344		영익/투하자	10.2%	13.1%
시가총액(억)	243,360		순익/자본	11.8%	17.2%
			총익/매출	14.3%	14.6%
2016.3.30			영익/매출	8.1%	9.0%
			순익/매출	8.4%	10.2%
* 2011.03부터 연결실적			운전투/매출	1.2%	-2.9%
			유형투/매출	-11.2%	-4.3%
			매출증	2.5%	10.2%
haclass.com			영익증	-6.6%	4.7%
			순익증	-10.4%	3.9%

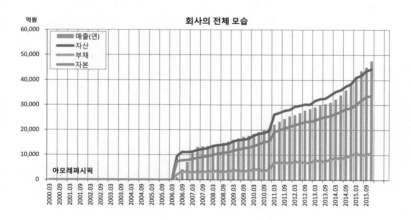

　　이 회사의 주가는 2014년부터 갑자기 올라가기 시작했다. 2015년 에 들어와서는 조정중이다. 순이익 역시 늘어났으나 주가가 훨씬 더 빨

리 올라갔다. 회사의 전체 모습을 보면 매출이 빠르게 늘고 있고, 자본과 같이 자산도 늘고 있다.

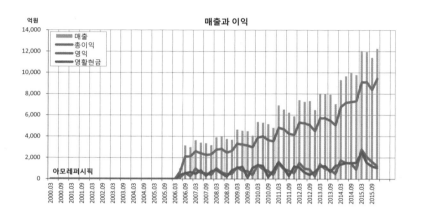

회사의 매출과 이익 움직임을 분기별로 보면 매출이 빠르게 늘고 이익도 주기성을 가지고 늘고 있다.

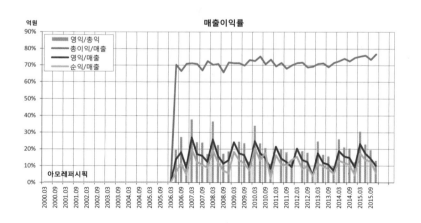

회사의 매출액이익률은 주기적인 움직임 외에는 큰 변화는 없다.

총이익에서 나오는 영업이익의 수준에도 변화는 없다. 즉 회사의 실적 개선은 오로지 매출 확대에 의한 것이다. 물론 매출 증가로 총이익률은 약간 올라갔다. 자본이익률은 최근에 약간 올라갔다.

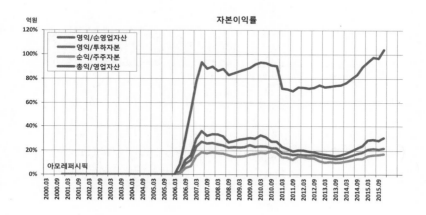

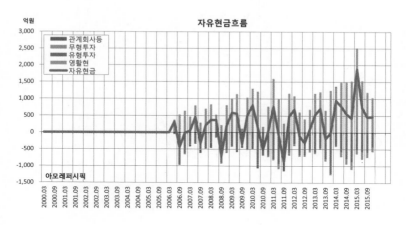

회사의 자유현금흐름은 투자액이 그렇게 많지 않아서 계속 흑자를 내고 있다. 한편 다음 페이지의 그림을 통해 보면 투자액에 비해서 매출증가액이 거의 더 많은 구조를 보이고 있다.

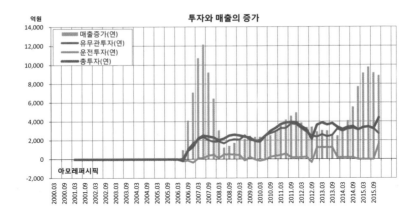

투자와 매출의 증가

아모레퍼시픽

지난 일년 동안 회사의 현금흐름 변동을 보면 영업에서 많은 자유현금을 마련해서 이를 대부분 현금으로 보유하고 있다.

[현금흐름표]

아모레퍼시픽	2015.03	2015.06	2015.09	2015.12	연간
영활현	2,514	1,532	1,194	1,036	6,275
유형투자	(517)	(582)	(595)	(441)	(2,136)
무형투자	(121)	(212)	(144)	(130)	(607)
관계회사등	0	0	0	0	0
자유현금	1,876	738	454	464	3,532
	조달	운용			
단기금융	487	0			
장기금융	16	0			
기타투자	70	0			
차입금	0	(68)			
증자	0	0			
자사주매입	0	0			
배당	0	(627)			
기타투자	0	(0)			
현금증가	0	(3,446)		억원	
환율변동	35	0		haclass.com	
합계	608	(4,140)			

아모레퍼시픽	자산	부채	시가총액	226,819	시가/순익	42.8	
2015.12	44,431	10,708			시가/자본	7.4	
억원		자본	영활현금	6,275	시가/자유현	70.8	
		33,723	투자현금	(2,743)	시가/매출	5.2	
	영업이익	매출액	자유현금	3,532	배당/시가	0.3%	
	7,729	47,666				1년전	5년전
	순이익				매출/영업자	1.9	1.5
	5,848				매출/유형자	2.5	1.9
		보통주	우선주		매출/운전자	7.3	6.6
	주가(원)	388,000			영익/영업자	30.5%	21.8%
	주식수(천주)	58,458			영익/투하자	22.0%	17.3%
	시가총액(억)	226,819			순익/자본	17.3%	13.6%
					총익/매출	75.5%	71.9%
	2016.3.30				영익/매출	16.2%	14.0%
					순익/매출	12.3%	10.6%
	* 2011.03부터 연결실적				운전투/매출	−3.5%	−1.8%
					유형투/매출	−4.5%	−8.2%
					매출증	23.0%	16.2%
	haclass.com				영익증	37.1%	16.8%
					순익증	51.8%	15.5%

[요약]

회사의 지금 시가총액은 22조 7천억원이다. 이를 지난 일년의 순이익과 비교하면 주가는 이익의 약 42~43배이다. 이는 자본이익률에 비해서도 높은 수준이다. 시장에서는 이 회사의 높은 성장을 기대하고 있으나 과거의 성장을 고려하더라도 지금의 주가는 높은 수준이다.

LG화학

주가와 재무

매출(연,십억원)
시가총액(십억원)
순이익(연)
주주자본(십억원)

LG화학

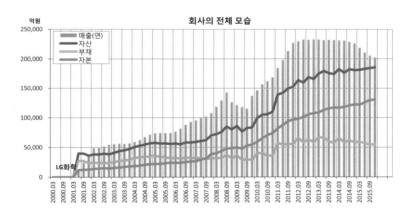

회사의 전체 모습

억원

매출(연)
자산
부채
자본

LG화학

이 회사의 주가는 2011년부터 계속 내려오다 최근에 약간 올라가고 있다. 순이익 역시 2012년부터 내려오다 최근에 조금 회복했다.

회사의 전체 모습을 보면 매출액이 오랫동안 하락하고 있다. 자산은 자본의 증가와 부채하락으로 완만하게 늘고 있다.

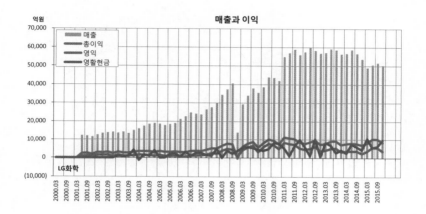

매출과 이익의 움직임을 분기별로 보면 매출은 줄고 이익은 오랫동안 옆으로 가고 있다.

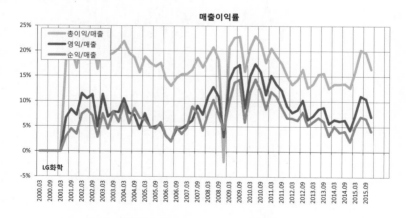

이 회사의 매출액이익률은 오랫동안 하락하고 있다가 최근에 약간 반등을 보였다.

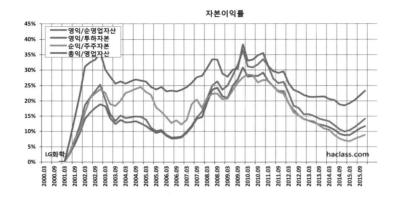

자본이익률 역시 오랫동안 하락하고 있다 최근에 약간 반등했다.

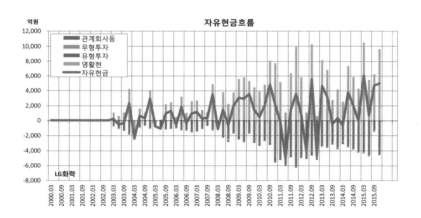

자유현금흐름은 약간의 흑자를 내고 있다.

투자와 매출을 보면 투자액에 비해서 매출액은 줄고 있다.

이 회사의 지난 5년간 현금흐름을 보면 영업에서 자유현금을 마련했으나 일부는 차입을 했다. 그리고 일부는 배당을 하고 일부는 기타자산으로 들어갔다.

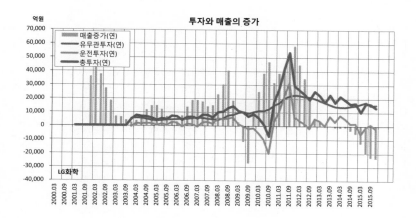

투자와 매출의 증가

LG화학

범례:
- 매출증가(연)
- 유무관투자(연)
- 운전투자(연)
- 총투자(연)

[현금흐름표]

LG화학	2011.12	2012.12	2013.12	2014.12	2015.12	합계
영활현	22,403	17,657	21,829	19,944	31,721	113,555
유형투자	(21,905)	(18,982)	(13,526)	(14,005)	(14,697)	(83,115)
무형투자	(271)	(311)	(409)	(501)	(595)	(2,087)
관계회사등	(414)	(756)	(254)	(419)	(2)	(1,845)
자유현금	(186)	(2,391)	7,640	5,018	16,428	26,508

	조달	운용
단기금융	0	0
장기금융	0	(277)
기타투자	0	(12,014)
차입금	4,557	0
증자	0	0
자사주매입	0	0
배당	0	(15,525)
기타투자	119	0
현금증가	0	(3,369)
환율변동	0	0
합계	4,676	(31,184)

억원
haclass.com

LG화학	자산	부채	시가총액	219,357	시가/순익	20.7	
2015.12	185,787	54,752			시가/자본	1.8	
억원		자본	영활현금	31,721	시가/자유현	14.4	
		131,035	투자현금	(15,294)	시가/매출	1.2	
	영업이익	매출액	자유현금	16,428	배당/시가	1.3%	
	18,236	202,066				1년전	5년전
	순이익				매출/영업자	1.6	1.8
	11,485				매출/유형자	2.3	2.7
		보통주	우선주		매출/운전자	3.5	3.8
	주가(원)	331,000			영익/영업자	14.0%	15.8%
	주식수(천주)	66,271			영익/투하자	11.6%	13.8%
	시가총액(억)	219,357			순익/자본	8.8%	12.6%
					총익/매출	18.1%	15.6%
	2016.3.30				영익/매출	9.0%	8.6%
					순익/매출	5.7%	6.2%
	* 2011.03부터 연결실적				운전투/매출	1.0%	-1.2%
					유형투/매출	-7.3%	-7.4%
	haclass.com				매출증	-10.5%	0.7%
					영익증	39.1%	-8.5%
					순익증	34.5%	-12.2%

[요약]

회사의 지금 시가총액은 22조원이다. 이를 지난 일년의 순이익과 비교하면 주가는 이익의 약 20~21배로 자본이익률에 비해서도 높은 수준이다. 그리고 과거 성장에 비해서도 높은 수준이고 회사의 미래 성장과 위험의 정도를 고려해도 지금의 주가는 높은 수준이다. 최근에 주가가 올라간 것은 앞으로 이 회사에 무슨 좋은 일이 일어날 것으로 시장에서 미리 내다본 모양이다. 그러나 아직 실적에는 이런 변화가 나타나지 않고 있다.

SK하이닉스

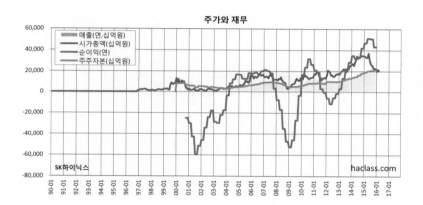

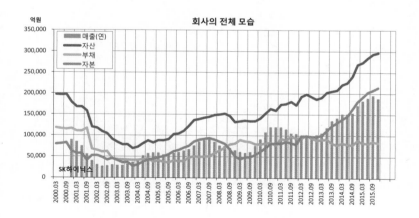

이 회사의 주가는 2015년부터 떨어지기 시작했다. 그 뒤 순이익도 낮아졌다. 지금은 주주자본보다 더 아래로 주가가 내려와 있다.

회사의 전체 모습을 보면 매출이 좀 줄고 있고 자산도 약간 주춤하고 있다.

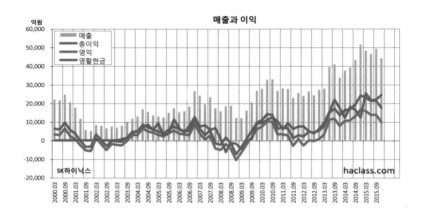

매출과 이익을 분기별로 보면 매출과 이익 모두 줄어들고 있다. 현금흐름은 옆으로 가고 있다.

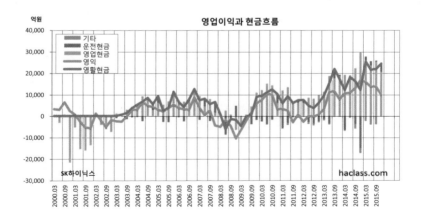

회사는 현금흐름이 이익보다 위에 있다. 그리고 운전자산에 잠기

는 현금도 거의 없다.

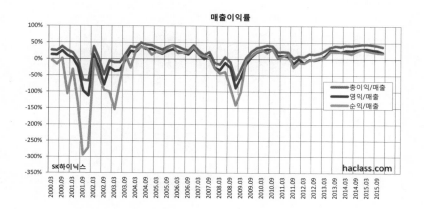

매출이익률을 보면 약간 줄어들기는 했으나 과거처럼 깊은 하락은
아니다.

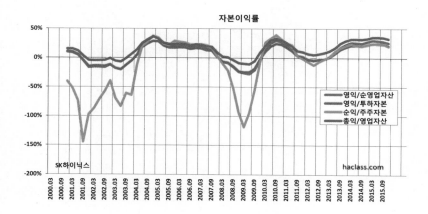

자본이익률 역시 약간 낮아졌으나 과거와 같이 깊이 내려가지는
않았다.

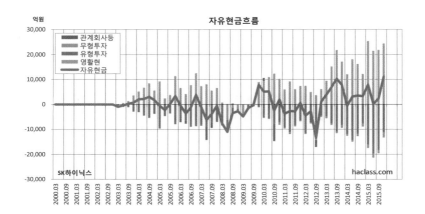

자유현금흐름 역시 과거보다 영업에서 나오는 현금흐름의 규모가 늘어나서 지금은 흑자를 내고 있다.

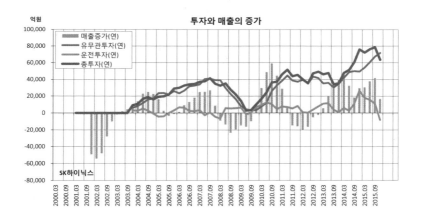

그러나 아쉬운 점은 투자액에 비해서 매출이 늘어나는 정도가 약하다. 혹시 과거처럼 다시 매출이 줄어드는 일이 일어날까 시장에서는 걱정하는 모양이다.

회사의 지난 일년 동안 현금흐름을 보면 영업에서 자유현금을 만들어내 이것으로 차입금을 갚고 또 많은 현금을 배당과 자사주로 주주에게 돌려주고 있다.

[현금흐름표]

SK하이닉스	2015.03	2015.06	2015.09	2015.12	연간
영활현	25,377	21,487	21,898	24,433	93,195
유형투자	(16,249)	(19,745)	(18,307)	(11,244)	(65,545)
무형투자	(1,254)	(1,611)	(1,297)	(1,995)	(6,158)
관계회사등	(22)	0	0	(77)	(99)
자유현금	7,851	131	2,294	11,116	21,393
	조달	운용			
단기금융	395	0			
장기금융	0	(45)			
기타투자	196	0			
차입금	0	(4,720)			
증자	0	0			
자사주매입	0	(7,719)			
배당	0	(2,184)			
기타투자	0	(0)			
현금증가	0	(7,390)		억원	
환율변동	72	0		haclass.com	
합계	664	(22,057)			

SK하이닉스 2015.12 억원	자산 296,779	부채 82,902	시가총액	208,573	시가/순익	4.8	
		자본 213,877	영활현금 투자현금	93,195 (71,802)	시가/자본 시가/자유현 시가/매출	1.0 9.7 1.1	
	영업이익 53,361 순이익 43,236	매출액 187,980	자유현금	21,393	배당/시가	1.0%	
						1년전	5년전
		보통주 우선주			매출/영업자 매출/유형자 매출/운전자	0.9 1.1 4.1	0.9 1.1 3.5
	주가(원) 주식수(천주) 시가총액(억)	28,650 728,002 208,573			영익/영업자 영익/투하자 순익/자본	26.3% 21.2% 20.2%	15.9% 12.9% 12.6%
	2016.3.30				총익/매출 영익/매출 순익/매출	44.1% 28.4% 23.0%	31.7% 16.7% 13.1%
	* 2011.03부터 연결실적				운전투/매출 유형투/매출	4.4% −34.9%	−5.4% −31.0%
	haclass.com				매출증 영익증 순익증	9.8% 4.4% 3.1%	9.2% 10.3% 10.2%

[요약]

이 회사의 현재 시가총액은 21조원이다. 이를 지난 일년 동안의 순이익과 비교하면 주가는 이익의 4~5배로 낮은 수준이다. 자본이익률에 비해서도 낮고 회사의 장부상 주주자본에 비해서도 낮다. 회사가 자본에서 자본비용 이상의 이익을 만들어내고 있는데도 시가총액이 주주자본보다 낮은 것은 설명하기가 쉽지 않다. 시장에서는 앞으로 이 회사의 실적이 많이 나빠질 것으로 보는 모양이다.

여전히 성과는 좋지 않지만 그리고 회사의 실적이 바로 좋아지기는 어려워 보이지만 지금처럼만 견딘다면 곧 좋은 시기가 다시 올 것으로 본다.

POSCO

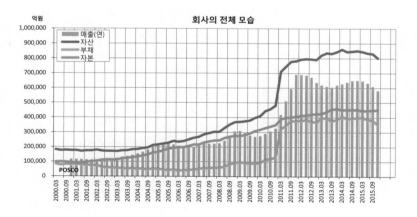

이 회사의 주가는 2010년부터 계속 떨어지고 있다가 최근에 약간

올랐다. 순이익 역시 그 시점부터 계속 내려오고 있다. 지금은 시가총

액이 주주자본보다 훨씬 더 밑에 있다. 이는 주주자본이 거의 이익을 만들지 못하고 있고, 자본비용까지 고려하면 실제로는 회사가 가치를 까먹고 있다는 것을 의미한다.

회사의 전체 모습을 보면 매출은 하락하고 자산은 옆으로 가고 있다.

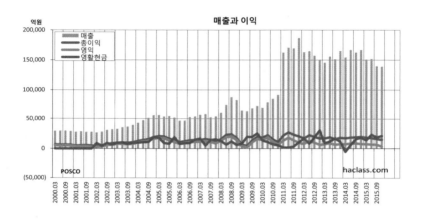

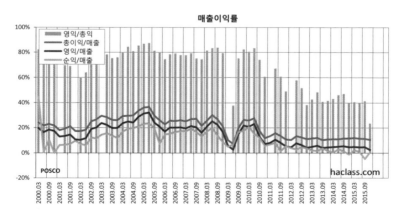

매출과 이익의 움직임을 분기별로 보면 매출과 이익 둘 다 줄고 있

다. 매출액이익률 역시 낮아지고 있다. 총이익에서 나오는 영업이익의
수준은 많이 낮아졌다.

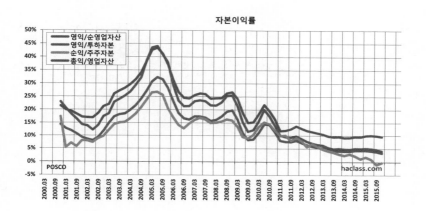

자본이익률 역시 낮아지고 있다. 거의 자본비용을 메우지 못하고
있다고 보아야 한다.

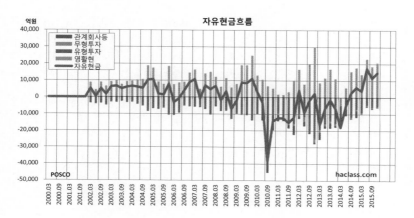

회사는 사정이 어려워지자 투자를 줄이고 운전자산을 줄여서 현
금 관리에 들어갔다.

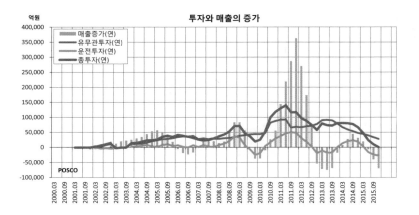

투자액도 줄었지만 매출액이 줄어들었다.

회사는 영업에서 마련한 자유현금으로 차입금을 줄이고 있다.

[현금흐름표]

POSCO	2015.03	2015.06	2015.09	2015.12	연간
영활현	13,736	23,004	18,541	20,737	76,018
유형투자	(9,045)	(4,636)	(5,902)	(5,429)	(25,012)
무형투자	(775)	(767)	(715)	(507)	(2,763)
관계회사등	4	(283)	(296)	(79)	(653)
자유현금	3,920	17,319	11,628	14,723	47,590
	조달	운용			
단기금융	0	(24,426)			
장기금융	2,336	0			
기타투자	5,173	0			
차입금	0	(25,771)			
증자	0	0			
자사주매입	0	0			
배당	0	(8,226)			
기타투자	11,581	0			
현금증가	0	(8,490)		억원	
환율변동	235	0		haclass.com	
합계	19,324	(66,913)			

POSCO	자산	부채	시가총액	191,375	시가/순익	−199.0	
2015.12	804,088	353,385			시가/자본	0.4	
억원		자본	영활현금	76,018	시가/자유현	4.0	
		450,702	투자현금	(28,429)	시가/매출	0.3	
	영업이익	매출액	자유현금	47,590	배당/시가	4.3%	

					1년전	5년전
24,100	581,923					
순이익				매출/영업자	1.0	1.1
(962)				매출/유형자	1.7	1.9
	보통주	우선주		매출/운전자	3.1	2.8
주가(원)	219,500			영익/영업자	4.1%	6.1%
주식수(천주)	87,187			영익/투하자	3.4%	5.1%
시가총액(억)	191,375			순익/자본	−0.2%	3.7%
				총익/매출	11.2%	11.7%
2016.3.30				영익/매출	4.1%	5.5%
				순익/매출	−0.2%	2.4%
* 2011.03부터 연결실적				운전투/매출	4.7%	−0.5%
				유형투/매출	−4.3%	−7.7%
				매출증	−10.6%	−0.8%
haclass.com				영익증	−25.0%	−15.9%
				순익증	−117.3%	−146.9%

[요약]

지금 회사의 시가총액은 19조원이다. 이를 지난 일년 동안의 순이익과 비교하면 순이익이 적자여서 비교의 의미가 없다. 지금 회사의 시가총액은 주주자본보다 훨씬 더 낮은 수준이다. 이는 주주자본에서 이익을 만들지 못하고 있기 때문이다. 그리고 앞으로도 이익을 만들지 못할 것으로 시장이 내다보기 때문이다.

LG생활건강

주가와 재무

- 매출(연,십억원)
- 시가총액(십억원)
- 순이익(연)
- 주주자본(십억원)

LG생활건강

haclass.com

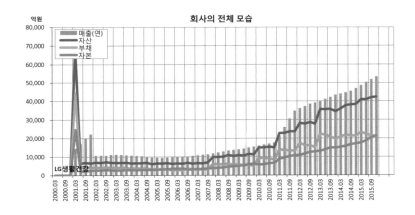

회사의 전체 모습

억원

- 매출(연)
- 자산
- 부채
- 자본

LG생활건강

이 회사의 주가는 2009년에 한번 많이 올라갔고 2014년에 다시 한번 크게 올라갔다. 그리고 지금은 조정을 받고 있다. 그 사이에 이익은 꾸준하게 올라갔으나 이익에 비해 주가는 많이 올라갔다.

　　회사의 전체 모습을 보면 매출액은 아주 안정적으로 꾸준하게 올
라갔다. 부채는 옆으로 가고 자본은 늘어나서 자산은 올라갔다. 매출이
자산보다 더 많다.

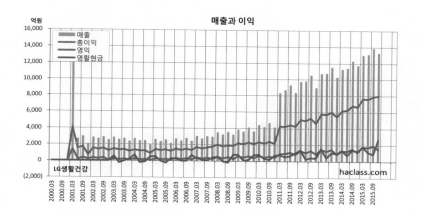

　　매출과 이익의 움직임을 분기별로 보면 둘 다 아주 안정적으로 올
라가고 있다. 현금흐름 역시 이익을 따라서 올라가고 있다.

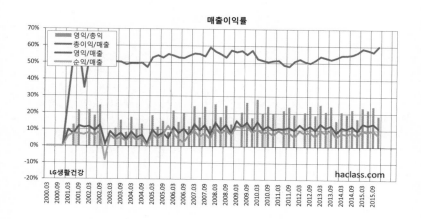

회사의 매출액영업이익률은 약 10%선에서 안정되어 있다. 총이익에서 나오는 영업이익의 수준은 낮다.

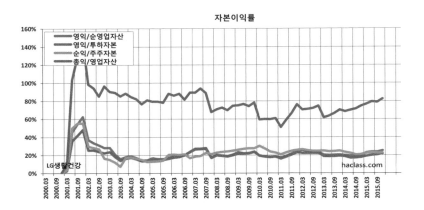

회사의 자본이익률 역시 20%선에서 안정되어 있다. 이런 안정성이 주가를 그렇게 높이 올린 배경일 것이다. 자유현금흐름 역시 최근에 영업에서 나오는 현금의 양이 많아지면서 좋아지고 있다.

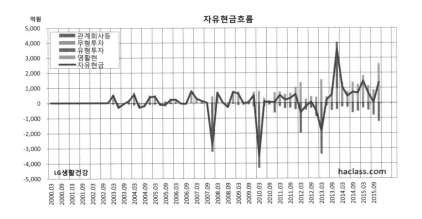

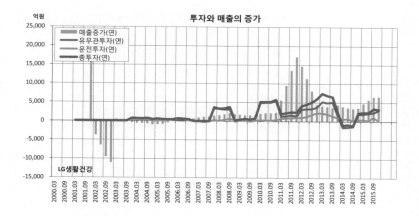

투자와 매출의 증가

- 매출증가(연)
- 유무관투자(연)
- 운전투자(연)
- 총투자(연)

LG생활건강

회사는 투자에 비해서 매출증가액이 더 많다.

[현금흐름표]

LG생활건강	2015.03	2015.06	2015.09	2015.12	연간
영활현	1,800	1,133	856	2,589	6,378
유형투자	(345)	(481)	(790)	(1,235)	(2,851)
무형투자	(15)	(20)	(14)	(15)	(63)
관계회사등	0	0	(33)	6	(27)
자유현금	1,440	632	19	1,346	3,437
	조달	운용			
단기금융	0	(125)			
장기금융	0	(6)			
기타투자	0	(398)			
차입금	0	(1,623)			
증자	0	0			
자사주매입	0	0			
배당	0	(677)			
기타투자	0	(15)			
현금증가	0	(589)		억원	
환율변동	0	(7)		haclass.com	
합계	0	(3,440)			

회사의 지난 일년의 현금흐름을 보면 자유현금이 흑자여서 이 현금으로 차입금을 갚고 일부는 배당을 주고 있다.

[투자지표와 재무지표]

LG생활건강	자산	부채	시가총액	157,103	시가/순익	33.4	
2,015.12	42,146	20,993			시가/자본	7.4	
억원		자본	영활현금	6,378	시가/자유현	45.7	
		21,153	투자현금	(2,941)	시가/매출	2.9	
	영업이익	매출액	자유현금	3,437	배당/시가	0.4%	
	6,841	53,285				1년전	5년전
	순이익				매출/영업자	1.9	2.0
	4,704				매출/유형자	4.1	4.1
		보통주	우선주		매출/운전자	6.1	5.6
	주가(원)	945,000			영익/영업자	24.9%	22.5%
	주식수(천주)	15,618			영익/투하자	21.5%	20.6%
	시가총액(억)	147,591	9,512		순익/자본	22.2%	23.6%
					총익/매출	58.2%	53.4%
	2016.3.30				영익/매출	12.8%	11.5%
					순익/매출	8.8%	8.1%
	* 2011.03부터 연결실적				운전투/매출	-0.3%	-2.3%
					유형투/매출	-5.4%	-4.1%
					매출증	13.9%	13.5%
	haclass.com				영익증	33.9%	15.9%
					순익증	32.7%	14.7%

[요약]

지금 이 회사의 시가총액은 15조 7천억원이다. 이를 지난 일년의 순이익과 비교하면 주가는 이익의 약 33~34배로 높은 수준이다. 회사의 자본이익률에 비해서도 높다. 지금 이 회사의 주가를 설명하려면 앞으로도 오래 이 회사가 아주 안정적으로 성장해야 한다는 전제가 있어야 한다. 그러나 누가 이를 알 것인가? 지금의 주가는 너무 높다고 본다.

KT&G

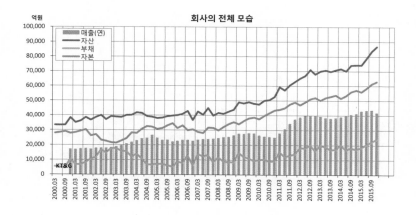

 이 회사의 주가는 과거에 이미 한 차례 많이 올라간 경험이 있다.
최근에는 2010년 중반부터 올라가서 지금은 다시 조정을 받고 있다.

2014년부터 순이익은 많이 올라가고 있다.

회사의 전체 모습을 보면 매출은 옆으로 가고 있으나 자본이 늘어 자산은 늘고 있다.

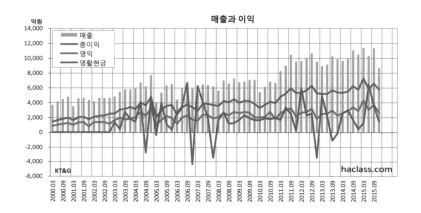

매출과 이익의 분기별 움직임을 보면 최근 매출과 이익이 줄어들고 있다.

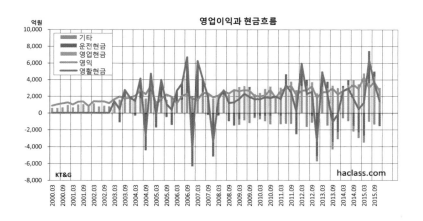

이익과 현금흐름의 관련을 보면 현금흐름에 변동이 심하다. 이는 운전자산에 자주 현금이 많이 잠기기 때문이다. 왜 이런 일이 일어나는 지는 이해하기 어렵다.

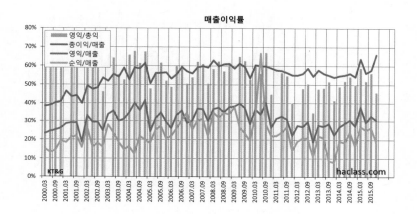

매출액이익률을 보면 영업이익률이 약 30%선에서 움직이고 있다. 총이익에서 나오는 영업이익은 과거에 비해서는 조금 낮아졌다.

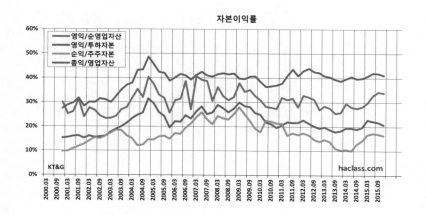

회사의 자본이익률을 보면 투하자본의 경우 약 20% 수준이다.

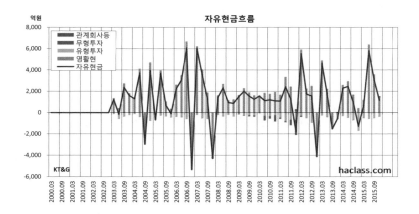

회사는 영업활동에서 들어오는 현금의 양이 변화가 많아서 자유현금 역시 변동이 많다. 그러나 연간으로는 흑자이다.

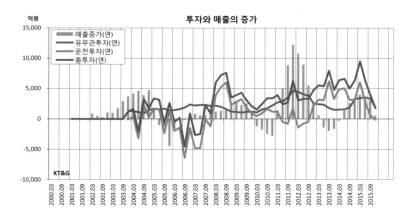

회사는 최근에 투자액을 줄였다. 매출증가액도 같이 줄고 있다.

영업보고서로 보는 좋은회사 나쁜회사

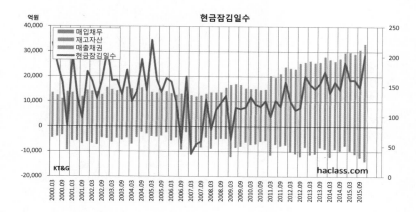

현금잠김일수

KT&G

haclass.com

회사는 최근에 운전자산에 많은 현금이 잠기고 있다. 왜 이런 일
이 일어나는지는 알기 어렵다.

[현금흐름표]

KT&G	2011.12	2012.12	2013.12	2014.12	2015.12	합계
영활현	7,569	7,228	5,834	7,652	12,592	40,875
유형투자	(2,558)	(2,277)	(1,474)	(3,189)	(1,999)	(11,498)
무형투자	73	(54)	33	(19)	(32)	1
관계회사등	(2,110)	(210)	(44)	0	136	(2,228)
자유현금	2,973	4,688	4,348	4,444	10,697	27,150
	조달	운용				
단기금융	0	0				
장기금융	0	(12,815)				
기타투자	191	0				
차입금	2,675	0				
증자	24	0				
자사주매입	0	(1,092)				
배당	0	(20,192)				
기타투자	0	(249)				
현금증가	4,351	0			억원	
환율변동	0	(44)			haclass.com	
합계	7,241	(34,392)				

회사의 지난 5년간 현금흐름을 보면 많은 자유현금을 마련해서 이 것을 대부분 주주에게 돌려주고 일부는 현금성자산으로 늘리고 있다.

[투자지표와 재무지표]

KT&G	자산	부채	시가총액	151,022	시가/순익	14.6	
2015.12	86,734	23,979			시가/자본	2.4	
억원		자본	영활현금	12,592	시가/자유현	14.1	
		62,755	투자현금	(1,895)	시가/매출	3.6	
	영업이익	매출액	자유현금	10,697	배당/시가	2.8%	
	13,659	41,698				1년전	5년전
	순이익				매출/영업자	1.0	1.0
	10,322				매출/유형자	2.3	2.4
		보통주	우선주		매출/운전자	1.3	1.4
	주가(원)	110,000			영익/영업자	34.0%	28.7%
	주식수(천주)	137,292			영익/투하자	20.9%	20.1%
	시가총액(억)	151,022			순익/자본	16.4%	14.4%
					총익/매출	60.9%	57.0%
	2016.3.30				영익/매출	32.8%	28.6%
					순익/매출	24.8%	19.9%
	* 2011.03부터 연결실적				운전투/매출	0.3%	−5.2%
					유형투/매출	−4.8%	−5.8%
					매출증	1.4%	3.8%
	haclass.com				영익증	16.6%	4.8%
					순익증	26.8%	0.0%

[요약]

지금 회사의 시가총액은 15조원이다. 이를 지난 일년의 순이익과 비교하면 주가는 이익의 14~15배 수준이다. 회사의 자본이익률에 비해 서는 낮은 수준이다. 회사의 순이익이 지금 수준으로 계속된다고 해도 지금의 주가는 회사의 실력에 비해 낮은 수준이다.

[코스닥 주요 10사]

셀트리온

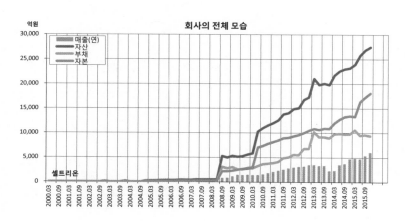

이 회사의 주가는 과거에도 한 번 많이 올랐고, 2015년에 갑자기 다시 올랐다. 지금은 약간 조정을 받고 있다. 그러나 그 사이에 순이익에는 아무런 변화도 없었고 매출 역시 미미하다. 물론 주주자본에 비해서도 엄청나게 주가는 높은 수준이다.

회사의 전체 모습을 보면 매출은 미미하게 늘고 있으나 자본의 증가와 같이 자산은 많이 늘고 있다. 회사의 매출은 자산에 비해서 너무나 미미하다. 이 자산에 붙는 비용을 이렇게 적은 매출로 어떻게 보충할 수 있을지 궁금하다.

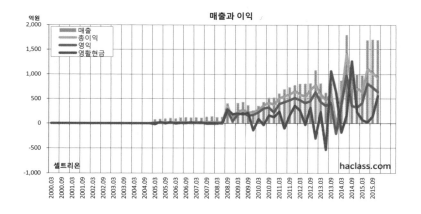

매출과 이익의 움직임을 분기별로 보면 최근에 매출이 좀 늘었다. 그러나 영업이익은 여전히 과거의 수준이다. 그리고 현금흐름은 매우 변동이 심하다.

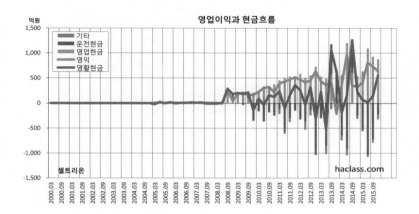

이익과 현금흐름의 관련을 보면 운전자산에 현금이 잠기어서 영업
활동현금흐름은 거의 제로 수준이다.

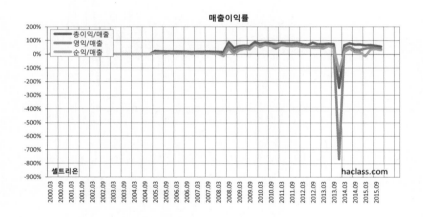

매출액이익률은 과거에 큰 손실을 본 경험이 있어서 그림으로 잘
나타나지 않고 있다. 움직임에도 큰 변화는 없다.

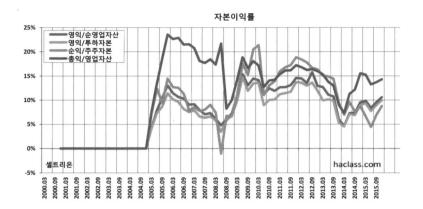

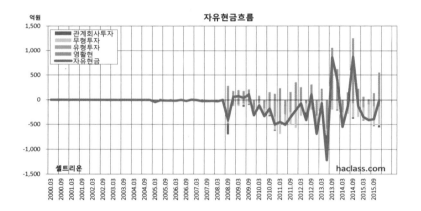

　자본이익률은 전체로는 내려오는 중이며, 최근에야 약간 올라섰다.

　자유현금흐름은 영업활동현금흐름이 좋지 못해서 적자이다. 유형투자보다는 무형투자, 즉 연구개발비가 더 많은 편이다.

　투자액에 비해서는 매출 증가의 정도가 아주 적다. 매출이 이렇게 적게 늘어나서 언제 투자금을 회수할지 궁금하다.

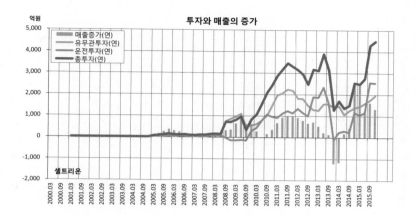

[현금흐름표]

셀트리온	2015.03	2015.06	2015.09	2015.12	연간
영활현	68	17	139	552	776
유형투자	(150)	(92)	(131)	(133)	(506)
무형투자	(254)	(306)	(388)	(384)	(1,333)
관계회사투자	(16)	(30)	(13)	(42)	(100)
자유현금	(352)	(411)	(393)	(7)	(1,163)
	조달	운용			
단기금융	41	0			
장기금융	0	(31)			
기타투자	259	0			
차입금	0	0			
증자	92	0			
자사주매입	0	(16)			
배당	0	(0)			
기타투자	1,228	0			
현금증가	0	(412)		억원	
환율변동	1	0		haclass.com	
합계	1,621	(458)			

[현금흐름표]

셀트리온	2011.12	2012.12	2013.12	2014.12	2015.12	합계
영활현	628	210	1,371	1,452	776	4,435
유형투자	(1,087)	(110)	(73)	(313)	(506)	(2,089)
무형투자	(1,055)	(1,030)	(798)	(1,039)	(1,333)	(5,255)
관계회사투자	(40)	(133)	(516)	(27)	(100)	(816)
자유현금	(1,554)	(1,064)	(17)	73	(1,163)	(3,725)

	조달	운용
단기금융	808	0
장기금융	0	(78)
기타투자	0	(91)
차입금	0	0
증자	232	0
자사주매입	0	(1,087)
배당	0	(228)
기타투자	5,341	0
현금증가	0	(1,176)
환율변동	3	0
합계	6,384	(2,659)

억원
haclass.com

　　회사의 지난 일년의 현금흐름을 보면 자유현금이 적자이고 이 적자를 기타투자, 그 내용은 기타금융부채로 메운 것으로 나온다. 그러나 재무상태표에서는 어떤 부채 항목에서도 이런 부채증가를 찾을 수 없다. 즉 재무상태표의 항목과 현금흐름표의 항목에서 일치하는 것을 찾기가 어렵다.

　　지난 5년 동안의 자유현금흐름을 보면 엄청난 적자를 거의 모두 기타투자로 메우고 있으나 이 역시 재무상태표에서는 장단기차입금의 증가로 나타나고 있다.

[재무상태표]

셀트리온	2014.12	2015.12	구성비		2014.12	2015.12	구성비
자산	23,224	27,482	100%	**부채**	9,746	9,384	34%
유동자산	7,930	10,968	40%	유동부채	4,939	6,658	24%
현금성자산	1,185	1,559	6%	단기차입금	4,041	5,250	19%
운전자산	6,422	9,113	33%	매입채무	803	658	2%
기타자산	323	296	1%	기타단기	95	749	3%
비유동자산	15,293	16,514	60%	비유동부채	4,807	2,726	10%
유형자산	8,982	8,976	33%	장기차입금	4,863	2,787	10%
무형자산	6,016	6,978	25%	장기채무	7	10	0%
관계회사자산	35	81	0%	이연법인세	0	0	0%
장기금융자산	125	154	1%	기타장기	(63)	(70)	0%
기타자산	136	326	1%	기타금융업부채	0	0	0%
기타금융업자산	0	0	0%	**자본**	13,478	18,098	66%
				자본금	1,036	1,124	4%
순운전/매출	119.3%	140.1%		자본잉여금	3,654	6,486	24%
차입금/매출	189.0%	133.2%		이익잉여금	8,450	9,940	36%
		억원 haclass.com		기타	(667)	(609)	−2%
				비지배	1,004	1,156	4%

위는 이 회사의 지난 일년 동안의 재무상태표이다. 순운전자산이 매출의 140%이고 차입금은 133%이다. 무형자산의 비중도 높은 편이다. 지난 일년 동안 차입금은 오히려 줄어들어서 현금흐름표에 나타난 기타부채증가로 마련한 현금이 어디에서 조달되었는지는 재무상태표에 나타나지 않고 있다. 즉 회사는 많은 자금을 기타부채를 통해 조달했으나 이것이 부채증가로는 잡히지 않고 있는 것이다. 그럼 어느 곳을 통해서 이 자금을 마련했을까? 정말 궁금한 일이다.

[투자지표와 재무지표]

셀트리온	자산	부채	시가총액	120,432	시가/순익	76.1
2015.12	27,482	9,384			시가/자본	6.7
억원		자본	영활현금	776	시가/자유현금	−103.6
		18,098	투자현금	(1,938)	시가/매출	20.0
	영업이익	매출액	자유현금	(1,163)	배당/시가	0.0%
	2,590	6,034				

			1년전	5년전
순이익		매출/영업자금	0.2	0.2
1,583		매출/유형자금	0.7	0.5
	보통주 우선주	매출/운전자금	0.7	0.8
주가(원) 106,500		영익/영업자금	10.6%	10.8%
주식수(천주) 113,082		영익/투하자금	9.9%	9.9%
시가총액(억) 120,432		순익/자본	8.7%	12.4%
		총익/매출	61.1%	71.5%
2016.3.25		영익/매출	42.9%	49.9%
		순익/매출	26.2%	41.3%
* 2013.03부터 연결실적		운전투/매출	−42.1%	−31.1%
		유형투/매출	−8.4%	−12.1%
		매출증가	28.1%	27.2%
haclass.com		영익증가	28.5%	19.4%
		순익증가	34.7%	7.9%

[요약]

이 회사의 지금 시가총액은 12조원이다. 이를 지난 일년 동안의 순이익과 비교하면 주가는 이익의 76배이다. 시장에서는 앞으로 이 회사가 엄청난 이익을 거둘 것으로 기대하는 모양이다. 그러나 그것을 누가 알까?

동서

주가와 재무

범례:
- 매출(연,십억원)
- 시가총액(십억원)
- 순이익(연)
- 주주자본(십억원)

동서

haclass.com

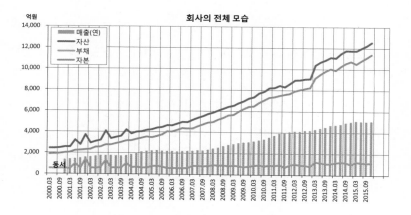

회사의 전체 모습

범례:
- 매출(연)
- 자산
- 부채
- 자본

동서

이 회사의 주가는 2013년부터 올라가기 시작해서 아주 많이 올라 갔다. 그리고 지금은 또 많은 조정을 받고 있다. 그 사이에 순이익에는 별로 큰 변화가 없었다. 물론 주주자본에 비해서도 주가는 아주 높다.

전체 모습을 보면 매출은 꾸준하게 늘고 자산은 자본과 같이 매출보다 더 빨리 늘고 있다. 이 회사의 자산 중에는 관계회사의 자산비중이 아주 높다.

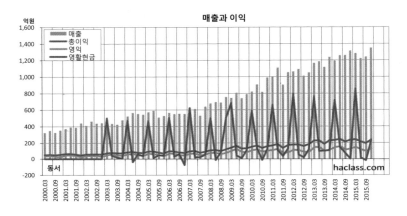

회사의 매출과 이익의 움직임을 분기별로 보면 매출은 늘고 있으나 총이익과 영업이익은 최근 옆으로 가고 있다. 현금흐름은 주기적으로 크게 변동하며 움직이고 있다. 이는 관계회사에서 들어오는 배당현금 때문이다.

회사의 매출액이익률을 보면 총이익이나 영업이익에는 별 변동이 없다. 순이익률이 더 높은 것은 영업외이익으로 관계회사에서 배당 수익이 발생하기 때문이다. 총이익에서 나오는 영업이익의 수준은 낮아지고 있다.

회사의 자본이익률은 과거에 비해서는 조금 낮아진 수준이다.

현금흐름은 영업에서 들어오는 현금이 주기적이어서 자유현금도 그런 모양을 보이고 있다.

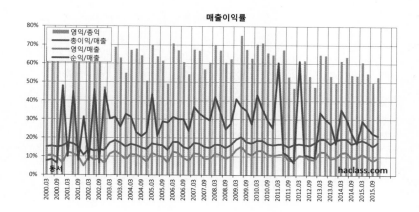

매출이익률

범례:
- 영익/총익
- 총이익/매출
- 영익/매출
- 순익/매출

동서

haclass.com

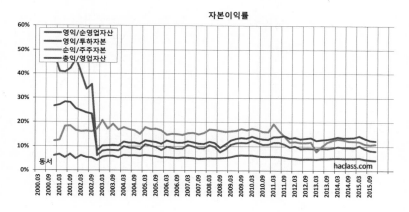

자본이익률

범례:
- 영익/순영업자산
- 영익/투하자본
- 순익/주주자본
- 총익/영업자산

동서

haclass.com

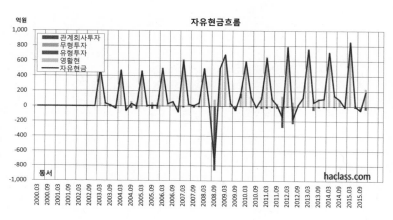

자유현금흐름

억원

범례:
- 관계회사투자
- 무형투자
- 유형투자
- 영활현
- 자유현금

동서

haclass.com

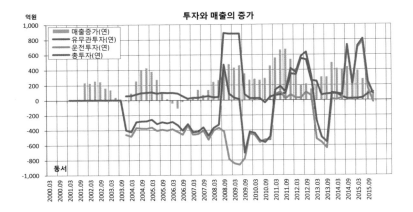

투자와 매출의 증가

이 회사는 투자액의 변동이 매우 심하다. 그래서 투자와 매출의 관계를 찾기가 아주 어렵다.

[현금흐름표]

동서	2011.12	2012.12	2013.12	2014.12	2015.12	합계
영활현	1,048	1,075	1,079	947	1,093	5,243
유형투자	(166)	(49)	(83)	(17)	(101)	(416)
무형투자	(2)	(14)	(1)	(1)	(4)	(21)
관계회사투자	(243)	(210)	0	0	0	(452)
자유현금	638	803	996	929	989	4,354
	조달	운용				
단기금융	0	(1,522)				
장기금융	0	(651)				
기타투자	0	(89)				
차입금	0	0				
증자	0	0				
자사주매입	0	(1)				
배당	0	(2,432)				
기타투자	0	(1)				
현금증가	341	0			억원	
환율변동	0	0			haclass.com	
합계	342	(4,696)				

회사의 지난 5년간의 현금흐름을 살펴보면 영업에서 많은 자유현금을 만들어냈다. 이 중 절반 정도는 배당을 했고 나머지는 장단기금융자산으로 유지하고 있다.

[투자지표와 재무지표]

동서	자산	부채	시가총액	32,004	시가/순익	25.6	
2015.12	12,564	1,163			시가/자본	2.8	
억원		자본	영활현금	1,093	시가/자유현	32.4	
		11,401	투자현금	(104)	시가/매출	6.3	
	영업이익	매출액	자유현금	989	배당/시가	1.9%	
	488	5,094				1년전	5년전
	순이익				매출/영업자	0.8	0.8
	1,250				매출/유형자	6.3	6.0
		보통주	우선주		매출/운전자	5.7	5.7
	주가(원)	32,100			영익/영업자	8.1%	8.8%
	주식수(천주)	99,700			영익/투하자	4.3%	5.2%
	시가총액(억)	32,004			순익/자본	11.0%	12.2%
					총익/매출	17.5%	18.1%
	2016.3.26				영익/매출	9.6%	10.7%
					순익/매출	24.5%	25.5%
	* 2013.03부터 연결실적				운전투/매출	0.5%	1.3%
					유형투/매출	-2.0%	-1.8%
					매출증	1.3%	5.7%
	haclass.com				영익증	-9.8%	-1.5%
					순익증	-4.6%	0.8%

[요약]

회사의 지금 시가총액은 3조 2천억원이다. 이를 지난 일년의 순이익과 비교하면 주가는 이익의 25~26배로 높은 수준이다. 회사의 자본이익률에 비해서도 높다. 회사의 매출 움직임도 중요하지만 관계회사에서 들어오는 배당 수익의 변화도 중요하다. 이를 고려해도 지금의 주가는 높은 수준이라고 생각한다.

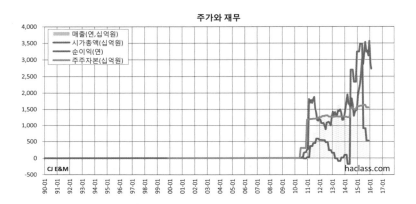

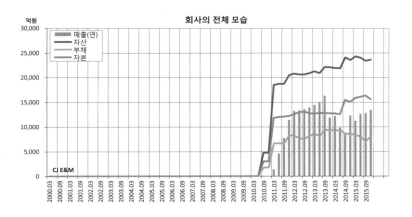

이 회사의 주가는 2015년 들어 갑자기 올라갔다. 순이익은 2014년 에 올라갔다. 이익이 먼저 떨어지고 지금은 주가가 조정을 받고 있다.

회사의 전체 모습을 보면 매출은 하락 정체하고 있고 자본이 매출보다 더 많아서 자산은 훨씬 더 높다. 회사의 자산에는 관계회사 자산과 무형자산의 비중이 높다. 이 둘을 합하면 자산의 50%나 된다.

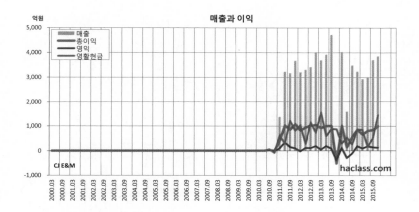

매출과 이익의 움직임을 분기별로 보면 옆으로 가고 있다. 영업이익은 거의 바닥을 기고 있고 영업활동현금흐름은 변동이 심하다.

회사의 매출액이익률은 들쑥날쑥 어떤 흐름을 찾기 어렵다.

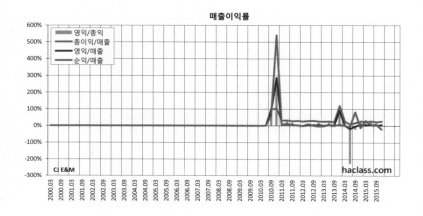

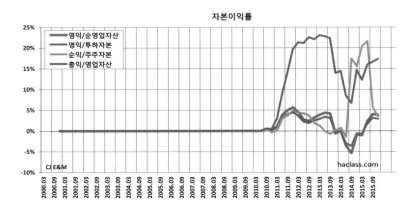

자본이익률

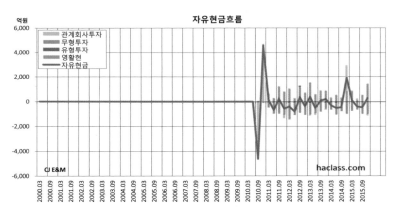

자유현금흐름

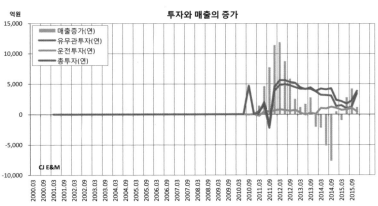

투자와 매출의 증가

영업보고서로 보는 좋은회사 나쁜회사

자본이익률 역시 낮은 수준에서 변동이 아주 심하다.

이 회사의 자유현금흐름은 거의 매분기 적자 상태이다.

투자액에 비해서 매출의 증가는 아주 미미하다.

[현금흐름표]

CJ E&M	2011.12	2012.12	2013.12	2014.12	2015.12	합계
영활현	2,942	3,184	3,879	1,951	2,955	14,910
유형투자	(214)	(121)	(310)	(180)	(77)	(902)
무형투자	(3,287)	(4,281)	(3,000)	(3,272)	(3,308)	(17,147)
관계회사투자	(327)	(41)	(436)	2,140	(28)	1,309
자유현금	(886)	(1,260)	133	640	(457)	(1,830)
	조달	운용				
단기금융	0	(2,824)				
장기금융	0	(70)				
기타투자	2,928	0				
차입금	0	(261)				
증자	1,406	0				
자사주매입	0	(5)				
배당	0	0				
기타투자	698	0				
현금증가	0	(44)			억원	
환율변동	3	0			haclass.com	
합계	5,035	(3,205)				

회사의 지난 5년간의 현금흐름을 보면 자유현금이 들쑥날쑥이고
전체로는 적자이다. 이 적자는 증자 또는 기타활동으로 메우고 있다.

[투자지표와 재무지표]

CJ E&M 2015.12 억원	자산 23,649	부채 8,048	시가총액	27,267	시가/순익	51.5
		자본 15,601	영활현금 투자현금 자유현금	2,955 (3,412) (457)	시가/자본 시가/자유현 시가/매출 배당/시가	1.7 −59.6 2.0 0.0%
	영업이익 527 순이익 529	매출액 13,473				

	보통주	우선주		1년전	5년전
주가(원)	70,400		매출/영업자	1.0	1.1
주식수(천주)	38,732		매출/유형자	17.4	12.3
시가총액(억)	27,267		매출/운전자	3.1	3.1
			영익/영업자	3.8%	2.4%
2016.3.26			영익/투하자	2.8%	1.7%
			순익/자본	3.4%	5.1%
* 2011.03부터 연결실적			총익/매출	24.3%	24.3%
			영익/매출	3.9%	2.2%
			순익/매출	3.9%	5.9%
			운전투/매출	−3.1%	−4.5%
			유형투/매출	−0.6%	−1.5%
haclass.com			매출증	9.3%	68.4%
			영익증	흑전	33.2%
			순익증	−77.3%	57.1%

[요약]

회사의 지금 시가총액은 2조 7천억원이다. 이 회사의 순이익은 아직 자리가 잡히지 않아서 회사의 실력을 제대로 드러내고 있다고 보기 어렵다. 그래서 주가이익배수 자체도 의미를 주기가 어렵다. 이렇게 부풀려진 순이익을 기준으로 보더라도 주가이익배수는 아주 높은 수준이다. 시장에서 왜 이렇게 높은 배수를 주는지는 이해하기 어렵다.

메디톡스

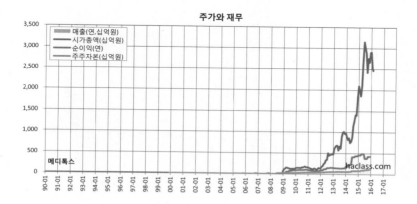

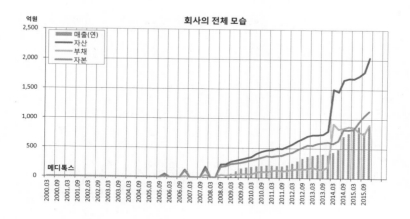

이 회사의 주가는 2012년부터 올라가기 시작했다. 상승 배수는 10배가 훨씬 더 넘는다. 소위 10루타 회사다. 그 사이에 이익도 늘었으나

단순히 이익만으로는 이 회사 주가를 설명하기가 쉽지 않다.

회사의 전체 모습을 보면 매출도 늘고 부채도 늘고 자본도 늘고 자
산도 늘었다. 자산에 비해 매출은 적다.

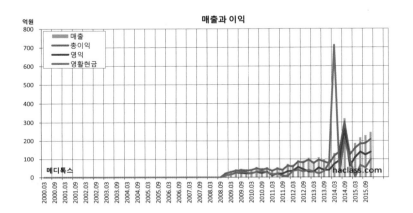

회사의 매출과 이익을 분기별로 보면 2012년 무렵부터 매출과 이
익이 늘어나기 시작했다. 한편 현금흐름은 선수금이 들어와서 엄청나게
현금이 늘어난 경우도 있었다.

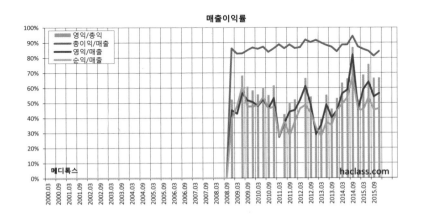

매출액이익률을 보면 총이익률에는 별 변화가 없었다. 영업이익률은 과거에도 높았으나 최근에는 조금 더 올라갔다. 총이익에서 나오는 영업이익의 수준은 매우 높다. 판매에는 별 어려움이 없다는 의미이다.

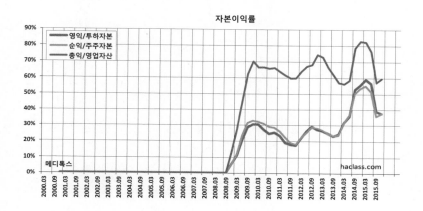

자본이익률도 이익이 늘면서 많이 올라갔다. 한편 자유현금흐름은 과거에 한 번 영업에서 들어온 현금이 엄청나게 늘어난 이후 지금은 별로 좋지 않다.

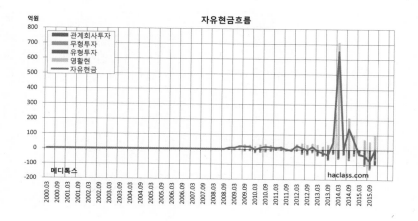

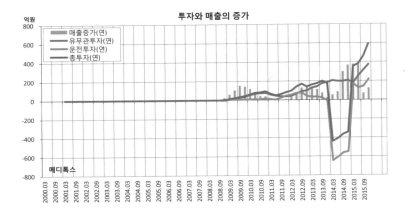

회사는 최근에 투자액이 늘어나고 있다. 그것에 비해서 매출이 늘어나는 정도는 작다.

[현금흐름표]

메디톡스	2011.12	2012.12	2013.12	2014.12	2015.12	합계
영활현	53	148	166	1,054	224	1,644
유형투자	(11)	(71)	(166)	(166)	(301)	(715)
무형투자	(28)	(29)	(21)	(41)	(37)	(156)
관계회사투자	0	0	0	0	(35)	(35)
자유현금	14	48	(20)	846	(150)	738
	조달	운용				
단기금융	0	(365)				
장기금융	10	0				
기타투자	29	0				
차입금	211	0				
증자	0	0				
자사주매입	0	(246)				
배당	0	(227)				
기타투자	59	0				
현금증가	0	(214)			억원	
환율변동	3	0			haclass.com	
합계	313	(1,051)				

지난 5년간의 현금흐름을 살펴보면 2014년에 현금이 많이 들어왔

으나 2015년에는 다시 자유현금이 적자로 들어갔다. 그 동안의 자유현금은 일부는 배당과 자사주로 주주에게 돌아가고 절반은 금융자산이나 현금으로 보관되어 왔다.

[투자지표와 재무지표]

메디톡스 2015.12 억원	자산 2,036	부채 901	시가총액	24,255	시가/순익	58.1	
		자본 1,135	영활현금	224	시가/자본	21.7	
			투자현금	(373)	시가/자유현	−164.2	
	영업이익 517	매출액 885	자유현금	(150)	시가/매출	27.8	
	순이익 423				배당/시가	0.3%	
						1년전	5년전
		보통주	우선주		매출/영업자	1.5	0.9
	주가(원)	428,800			매출/유형자	1.1	1.4
	주식수(천주)	5,657			매출/운전자	3.7	3.5
	시가총액(억)	24,255			영익/영업자	86.2%	45.6%
					영익/투하자	37.3%	32.3%
	2016.3.25				순익/자본	37.3%	32.0%
					총익/매출	84.0%	88.1%
	* 2013.03부터 연결실적				영익/매출	58.4%	50.7%
					순익/매출	47.8%	43.7%
					운전투/매출	−24.8%	3.6%
					유형투/매출	−34.0%	−24.6%
	haclass.com				매출증	16.6%	33.2%
					영익증	3.4%	37.2%
					순익증	−3.1%	32.4%

[요약]

현재 시가총액은 2조 4천억원이다. 이를 지난 일년의 순이익과 비교하면 주가는 이익의 58~59배로 엄청나게 높은 수준이다. 자본이익률보다 더 높다. 시장에서는 앞으로도 이 회사가 계속 높은 성장을 할 것으로 기대하는 모양이다. 그러나 그 성장 속도를 미리 짐작하는 것은 어려운 일이다. 지금의 주가는 회사의 실력에 비해서 높아 보인다.

이오테크닉스

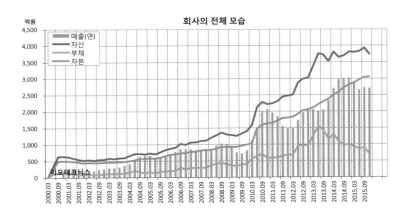

이 회사의 주가는 2011년부터 많이 올라갔다. 그리고 2015년 들어 갑자기 떨어진 후 지금은 조정을 받고 있다. 그 사이에 순이익에는

그리 큰 변화는 없었으나 지금은 이익이 낮아지고 있다.

　회사의 전체 모습을 보면 매출액은 줄고 있고 부채가 크게 줄면서 자산은 약간 증가 속도가 줄어들었다.

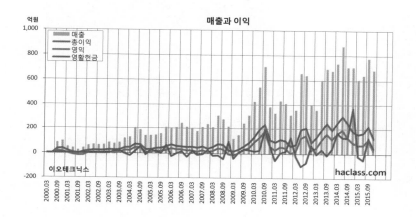

　매출과 이익의 움직임을 분기별로 보면 매출은 정체하고 이익도 줄어들고 있다. 현금흐름은 변동이 심하다. 매출액이익률을 보면 이익률이 떨어지고 있다. 좋지 않은 국면이다.

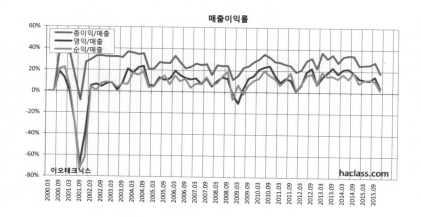

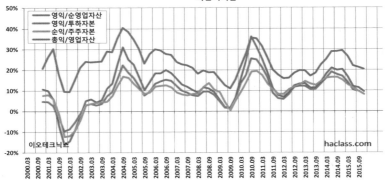

자본이익률

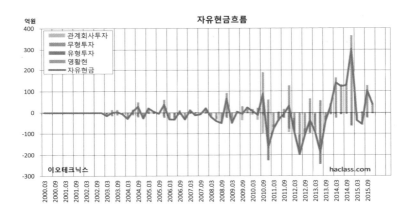

자유현금흐름

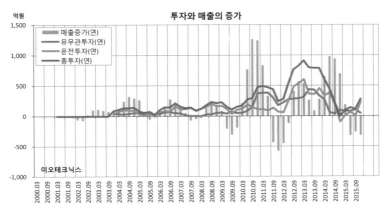

투자와 매출의 증가

이익이 낮아지자 자본이익률도 자연히 낮아지고 있다.

지금은 투자가 거의 일어나지 않고 있고 현금유입도 작아서 자유현금이 미미하다.

지금 이 회사는 투자액은 작고 매출액은 줄어들고 있다. 사정이 좋지 못하다.

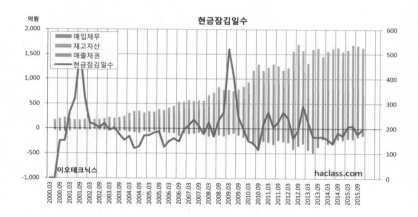

이 회사는 과거에도 운전자본에 잠긴 현금의 비중이 매우 높았다. 여전히 높은 수준이다. 왜 이런 구조에 갇혔는지, 왜 여기서 벗어나지 못하는지는 알기 어렵다.

[현금흐름표]

이오테크닉스	2011.12	2012.12	2013.12	2014.12	2015.12	합계
영활현	201	235	50	784	94	1,363
유형투자	(234)	(633)	(318)	(70)	(29)	(1,284)
무형투자	(5)	(22)	(17)	(22)	(14)	(81)
관계회사투자	(4)	0	0	0	0	(4)
자유현금	(42)	(421)	(285)	692	51	(5)
	조달	운용				
단기금융	153	0				
장기금융	0	(34)				
기타투자	0	(6)				
차입금	217	0				
증자	0	0				
자사주매입	0	(29)				
배당	0	(86)				
기타투자	18	0				
현금증가	0	(252)			억원	
환율변동	24	0			haclass.com	
합계	412	(407)				

　　회사의 지난 5년간의 현금흐름을 보면 2014년에 자유현금이 크게 발생했다. 그 이전에는 자유현금이 적자였고 2015년에는 흑자 규모가 많이 줄었다.

[투자지표와 재무지표]

이오테크닉스	자산	부채	시가총액	14,087	시가/순익	57.0	
2015.12	3,729	678			시가/자본	4.6	
억원		자본	영활현금	94	시가/자유현	277.7	
		3,051	투자현금	(43)	시가/매출	5.2	
	영업이익	매출액	자유현금	51	배당/시가	0.2%	
	285	2,700				**1년전**	**5년전**
	순이익				매출/영업자	0.9	0.9
	247				매출/유형자	1.9	1.7
		보통주	우선주		매출/운전자	1.7	1.7
주가(원)	114,800				영익/영업자	9.5%	13.1%
주식수(천주)	12,271				영익/투하자	8.2%	11.6%
시가총액(억)	14,087				순익/자본	8.1%	12.2%
					총익/매출	24.4%	30.6%
2016.3.23					영익/매출	10.6%	15.2%
					순익/매출	9.1%	12.8%
* 2013.03부터 연결실적					운전투/매출	−8.7%	−8.1%
					유형투/매출	−1.1%	−13.1%
					매출증	−10.5%	6.2%
haclass.com					영익증	−49.6%	−8.7%
					순익증	−41.6%	−5.7%

[요약]

　지금 회사의 시가총액은 1조 4천억원이다. 이를 지난 일년 동안의 순이익과 비교하면 주가는 이익의 57배로 엄청나게 높은 수준이다. 당연히 지금의 주가는 높은 수준이다.

파라다이스

주가와 재무

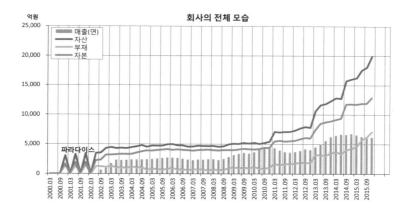

회사의 전체 모습

이 회사의 주가는 2011년부터 올라가기 시작해서 2013년 말까지 많이 올랐다. 그후에는 계속 내려오고 있다. 순이익 역시 비슷한 그림을 그리고 있다. 지금은 주가가 장부상 주주자본과 비슷한 수준까지 떨어졌다.

회사의 전체 모습을 보면 최근에 매출이 줄고 있으나 부채와 자본이 늘어나면서 자산은 높이 올라가고 있다. 자산이 왜 이렇게 늘어나는 것일까? 그리고 왜 매출은 늘지 않을까?

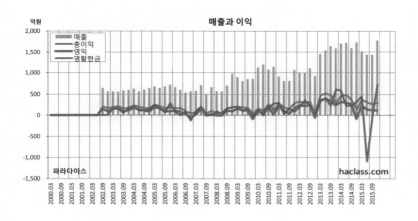

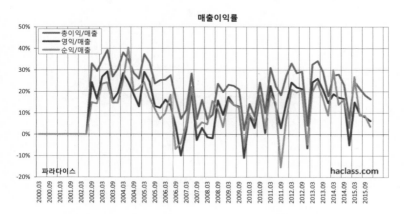

회사의 매출과 이익의 움직임을 분기별로 보면 둘 다 하락하고 있

175

다. 특히 현금흐름은 변동이 아주 심하다. 왜 갑자기 이런 변화가 일어
난 것일까?

회사의 매출액이익률은 하락하고 있다. 총이익부터 하락하고 있
다. 총이익에서 나오는 영업이익의 수준은 점점 낮아지고 있다. 사정이
좋지 않다.

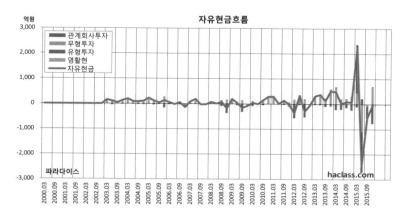

자본이익률도 역시 하락하고 있다.

회사의 자유현금을 보면 갑자기 영업활동현금흐름에 큰 변동이 일어나면서 자유현금도 급작스럽게 움직였다. 왜 이렇게 심한 변동이 일어나는 것일까?

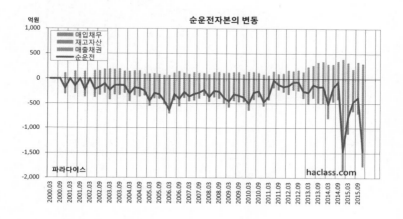

회사의 순운전자산을 보면 갑자기 4/4분기에 매입채무가 늘어나면서 순운전자산이 크게 줄어들었다. 순운전자산에 일어난 이런 갑작스러운 변동은 당연히 현금흐름에 큰 변화를 만들어낸다. 매입채무가 갑자기 늘어난 것은 미지급비용이 갑자기 늘어난 탓이다. 그 내용은 알 길이 없으나 이 비용을 지급하면 당연히 현금흐름은 다시 나빠질 것이다.

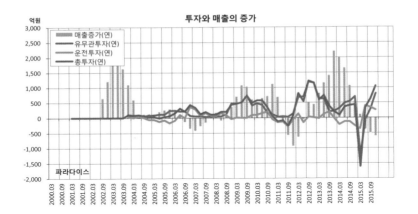

회사는 최근에 투자액을 늘리고 있다. 그러나 매출은 줄어들고 있다. 즉 투자효과는 나오지 않고 있다.

지난 5년간의 현금흐름을 보면 2015년에 영업활동현금흐름이 갑자기 뚝 떨어졌다. 이는 기타에 법인세 납부라고 나오나 그 배경은 알기 어렵다. 뿐만 아니라 2015년에는 관계회사 투자에서 현금이 크게 발생했다. 물론 유형투자도 엄청 늘어났다. 어디에 투자를 하고 무엇을 팔았는지는 모를 일이다. 최근에 회사에는 많은 변화가 일어난 모양이다. 그러나 이런 변화들이 회사의 매출과 이익에는 거의 영향을 주지 않고 있다. 회사에 무슨 일이 일어난 것일까?

회사는 지난 5년 동안 차입금과 증자를 통해 마련한 자금을 단기금융자산과 기타자산에 투자하고 있다. 물론 2015년에는 자유현금이 적자였다.

[현금흐름표]

파라다이스	2011.12	2012.12	2013.12	2014.12	2015.12	합계
영활현	568	992	1,557	1,353	(7)	4,463
유형투자	(90)	(169)	(154)	(770)	(2,885)	(4,068)
무형투자	(11)	(12)	(61)	79	(4)	(8)
관계회사투자	44	(20)	0	0	2,097	2,120
자유현금	511	791	1,342	662	(799)	2,507
	조달	운용				
단기금융	0	(4,011)				
장기금융	0	(282)				
기타투자	0	(3,081)				
차입금	3,126	0				
증자	2,320	0				
자사주매입	2,738	0				
배당	0	(1,245)				
기타투자	8	0				
현금증가	0	(1,965)		억원		
환율변동	15	0		haclass.com		
합계	8,206	(10,585)				

[요약]

　지금 이 회사의 주가는 2조 7천억원이다. 이를 지난 일년의 순이익과 비교하면 주가는 이익의 18~19배이다. 최근 회사는 많은 현금을 투자하고 있다. 그러나 이 투자가 매출로는 전환되지 않고 있다. 그리고 회사의 현금흐름에서도 보듯이 무엇인가 많은 변화가 일어나고 있다. 이런 변화가 매출로 연결되어야 회사의 주가는 올라갈 것이다. 불행하게도 지금의 주가는 회사의 실력에 비해서 높아 보인다.

[투자지표와 재무지표]

파라다이스	자산	부채	시가총액	27,267	시가/순익	18.2	
2015.12	19,939	7,074			시가/자본	1.0	
억원		자본	영활현금	(7)	시가/자유현	−16.4	
		12,865	투자현금	(792)	시가/매출	2.1	
	영업이익	매출액	자유현금	(799)	배당/시가	3.3%	

	1년전	5년전
	583	6,154
순이익		
718		

	보통주	우선주	매출/영업자	0.6	1.1
주가(원)	70,400		매출/유형자	0.7	1.2
주식수(천주)	38,732		매출/운전자	20.3	20.2
시가총액(억)	27,267		영익/영업자	5.7%	15.7%
			영익/투하자	3.4%	8.6%
2016.3.26			순익/자본	5.6%	8.7%
			총익/매출	19.9%	24.4%
* 2011.03부터 연결실적			영익/매출	9.5%	14.7%
			순익/매출	11.7%	13.7%
			운전투/매출	−4.1%	0.3%
			유형투/매출	−46.9%	−13.3%
			매출증	−9.0%	2.8%
haclass.com			영익증	흑전	4.5%
			순익증	−32.1%	11.6%

코오롱생명과학

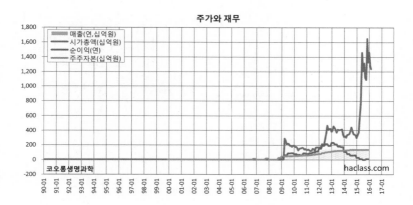

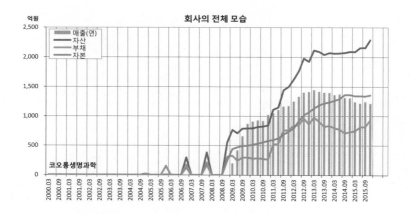

이 회사의 주가는 2015년에 들어 갑자기 올라갔다. 그러나 순이익은 이미 2013년부터 계속 내려오고 있다.

회사의 전체 모습을 보면 매출은 줄고 있으나 자본과 부채가 늘면서 자산은 올라가고 있다. 자산과 매출 사이의 거리는 많이 멀어졌다.

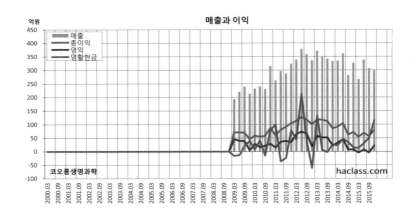

회사의 매출과 이익의 움직임을 분기별로 보면 매출은 줄고 이익도 줄고 있다. 최근에 이익이 약간 고개를 들었다. 현금흐름은 변동이 심하다.

영업보고서로 보는 좋은회사 나쁜회사

매출액이익률은 낮아지고 있다. 총이익에서 나오는 영업이익의 수
준도 아주 나빠졌다.

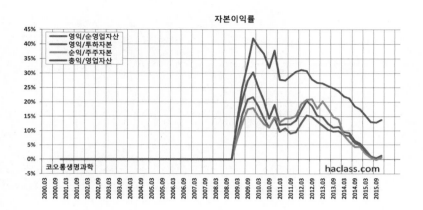

회사의 자본이익률 역시 아주 많이 떨어졌다.

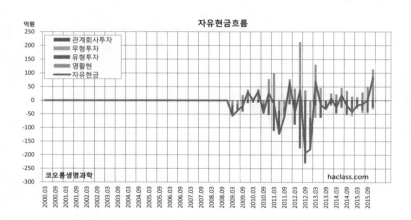

그러나 자유현금흐름은 최근 분기에 조금 좋아졌다.

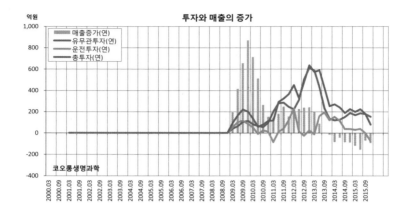

지금은 회사의 투자액이 줄고 있다. 매출이 늘지 않아서 투자의 효과는 전혀 나타나지 않고 있다.

[현금흐름표]

코오롱생명과학	2011.12	2012.12	2013.12	2014.12	2015.12	합계
영활현	117	234	162	121	208	841
유형투자	(244)	(610)	(118)	(149)	(124)	(1,245)
무형투자	(1)	(0)	(14)	(38)	(28)	(80)
관계회사투자	0	0	0	0	0	0
자유현금	(128)	(376)	30	(66)	56	(485)
	조달	운용				
단기금융	0	0				
장기금융	0	(142)				
기타투자	0	(8)				
차입금	632	0				
증자	180	0				
자사주매입	0	(3)				
배당	0	(53)				
기타투자	0	(0)				
현금증가	0	(121)			억원	
환율변동	0	(0)			haclass.com	
합계	812	(327)				

지난 5년간 회사의 현금흐름을 보면 자유현금이 들쭉날쭉이다. 부족한 자유현금은 차입과 증자로 메웠다.

[투자지표와 재무지표]

코오롱생명과학	자산	부채	시가총액	12,351	시가/순익	543.9		
2015.12	2,286	932			시가/자본	9.1		
억원		자본	영활현금	208	시가/자유현	220.9		
		1,354	투자현금	(152)	시가/매출	10.2		
	영업이익	매출액	자유현금	56	배당/시가	0.1%		
	22	1,212					1년전	5년전
	순이익				매출/영업자		0.7	0.9
	8				매출/유형자		1.0	1.5
	보통주	우선주			매출/운전자		2.3	2.2
	주가(원)	184,600			영익/영업자		1.3%	9.2%
	주식수(천주)	6,691			영익/투하자		1.0%	7.7%
	시가총액(억)	12,351			순익/자본		0.6%	10.4%
					총익/매출		21.4%	27.8%
	2016.3.26				영익/매출		1.8%	9.7%
					순익/매출		0.7%	8.1%
					운전투/매출		6.1%	−3.4%
					유형투/매출		−10.2%	−18.8%
	haclass.com				매출증		−7.2%	3.5%
					영익증		−76.8%	−25.6%
					순익증		−86.3%	−37.8%

[요약]

회사의 현재 시가총액은 1조 2천억원이다. 이를 지난 일년의 순이익과 비교하면 이익은 너무 많이 줄고 주가이익배수는 너무 높아 거의 의미가 없을 정도이다. 시장에서는 이 회사가 앞으로 무얼 엄청난 것을 만들어낼 것으로 기대하는 모양이다.

CJ오쇼핑

주가와 재무

- 매출(연,십억원)
- 시가총액(십억원)
- 순이익(연)
- 주주자본(십억원)

CJ오쇼핑   haclass.com

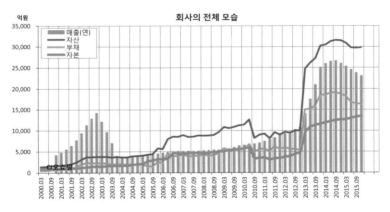

회사의 전체 모습

억원

- 매출(연)
- 자산
- 부채
- 자본

이 회사의 주가는 과거에 여러 차례 오르내리기를 했다. 지금은 다시 내려오다 잠시 멈춘 상태이다. 순이익 역시 여러 번 오르내리다 다시 올라가는 모양이다. 지금 시가총액은 장부상 주주자본보다 더 아래에

186

있다. 어떻게 이런 일이 벌어진 것일까? 전체 모습을 보면 매출액이 줄
어들고 있다. 그리고 최근에는 자산도 줄고 있다.

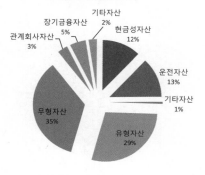

자산 구성을 보면 무형자산의 비중이 아주 높다. 기타무형자산으
로 표시되어 있어서 그 내용을 알기는 어렵다. 과연 이 무형자산이 회
사의 매출과 이익에 어떤 기여를 하고 있을지 의심스럽다.

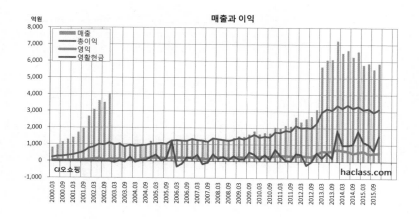

매출과 이익을 분기별로 보면 매출은 줄고 있고 이익도 낮아지고
있다. 현금흐름은 영업이익보다 위에서 움직이고 있다.

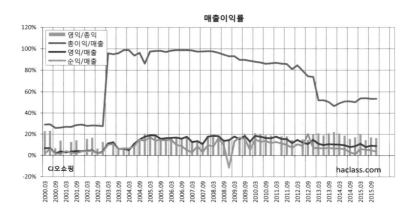

매출이익률

CJ오쇼핑 · haclass.com

자본이익률

CJ오쇼핑 · haclass.com

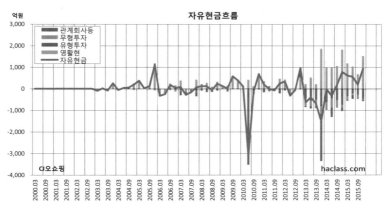

억원 **자유현금흐름**

CJ오쇼핑 · haclass.com

매출이익률은 낮아지고 총이익에서 나오는 영업이익의 수준도 낮다. 자본이익률도 낮아지고 있다. 이와는 달리 자유현금흐름은 최근에 영업에서 들어오는 현금흐름이 늘어나서 좋아지고 있다. 투자액은 약간씩 늘어나지만 매출액은 줄어들어 투자의 효과는 나타나지 않고 있다.

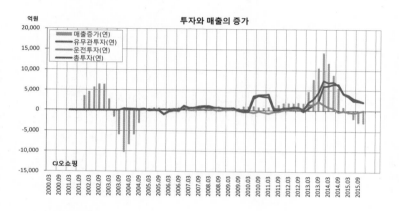

[현금흐름표]

CJ오쇼핑	2011.12	2012.12	2013.12	2014.12	2015.12	합계
영활현	3,212	2,653	2,798	4,820	4,404	17,888
유형투자	(1,746)	(1,770)	(2,338)	(2,370)	(1,316)	(9,541)
무형투자	(360)	(780)	(1,385)	(1,284)	(505)	(4,315)
관계회사등	(416)	(1,217)	(2,321)	(572)	(272)	(4,798)
자유현금	689	(1,114)	(3,246)	594	2,311	(766)
	조달	운용				
단기금융	127	0				
장기금융	0	(1,116)				
기타투자	0	(105)				
차입금	2,889	0				
증자	0	0				
자사주매입	0	(5)				
배당	0	(636)				
기타투자	1,433	0				
현금증가	0	(1,780)			억원	
환율변동	0	(42)			haclass.com	
합계	4,450	(3,684)				

지난 5년간의 현금흐름표를 보면 유형자산과 무형자산 그리고 관계회사 등에 투자를 많이 해서 누적으로는 적자이다. 최근에는 흑자를 내고 있다. 이 부족분은 차입금으로 메우고 남은 현금은 현금으로 보관하고 있다. 이런 투자가 매출증가로 나타나야 할 것이다.

[투자지표와 재무지표]

CJ오쇼핑	자산	부채	시가총액	13,414	시가/순익	10.9	
2015.12	29,882	16,381			시가/자본	0.9	
억원		자본	영활현금	4,404	시가/자유현	5.3	
		13,501	투자현금	(2,093)	시가/매출	0.5	
			자유현금	2,311	배당/시가	1.4%	
	영업이익	매출액				1년전	5년전
	2,097	23,086			매출/영업자	1.2	1.2
	순이익				매출/유형자	2.7	2.7
	1,120				매출/운전자	6.0	6.1
		보통주	우선주		영익/영업자	11.3%	14.1%
주가(원)	14,750				영익/투하자	8.9%	13.1%
주식수(천주)	90,943				순익/자본	8.3%	14.0%
시가총액(억)	13,414				총익/매출	53.6%	54.8%
					영익/매출	9.1%	11.4%
2016.3.26					순익/매출	4.9%	6.5%
					운전투/매출	0.0%	-2.2%
* 2013.03부터 연결실적					유형투/매출	-5.7%	-8.8%
					매출증	-11.4%	13.7%
haclass.com					영익증	-10.6%	1.1%
					순익증	5.9%	-0.8%

[요약]

지금 시가총액은 1조 3천억원이다. 이를 지난 일년의 순이익과 비교하면 주가는 이익의 10~11배로 자본이익률과 비슷하다. 그러나 최근에 회사의 매출과 이익이 줄고 있어 회사의 장래를 밝게 보기 어렵게 되었다. 그리고 과거의 투자가 어떻게 회수될 것인지도 불확실하다.

SK머티리얼즈

주가와 재무

SK머티리얼즈

haclass.com

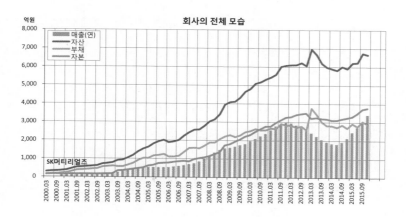

회사의 전체 모습

SK머티리얼즈

이 회사의 주가는 크게 밥그릇을 만들고 있다. 바닥을 다진 후 2014년부터 다시 오르다 지금은 조정을 받고 있는 중이다. 그 사이에 순이익 역시 크게 주기를 그리고 있다. 지금은 올라가는 중이다.

회사의 전체 모습을 보면 매출이 줄다 다시 늘어나고 있고 자산은 많이 늘어나다 지금은 옆으로 가고 있다. 아직은 자산이 매출에 비해서 많이 높다.

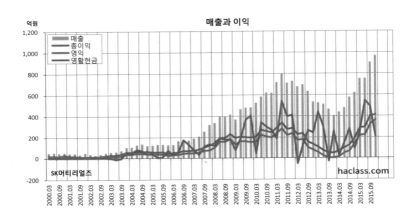

매출과 이익의 움직임을 분기별로 보면 최근에 매출이 많이 늘고 있음을 볼 수 있다. 그리고 이익도 늘고 있다. 현금흐름은 이익을 따라 움직이나 변동은 심하다.

매출액이익률을 보면 다시 과거의 수준으로 올라가려고 한다. 총이익에서 나오는 영업이익도 과거 높은 수준으로 올라가고 있다.

자본이익률 역시 과거의 수준으로 올라서려고 한다.

자유현금흐름은 영업현금이 크게 늘지는 않았으나 지금은 자유현금이 흑자를 내고 있다. 투자는 과거에 비해서는 약간 줄어들었다.

영업보고서로 보는 좋은회사 나쁜회사

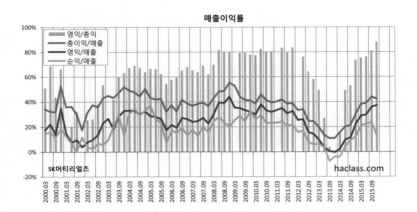

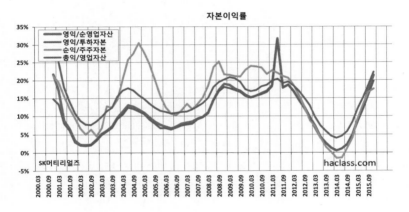

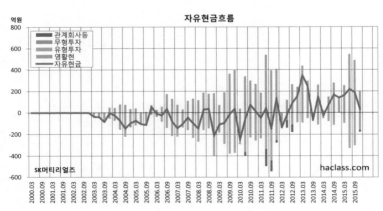

제2장 한국의 주요기업 사례분석

투자와 매출의 관계를 보면 지금은 투자가 약간 늘고는 있으나 매출이 더 빨리 늘어서 충분히 투자 효과를 보고 있다. 이는 과거와 달라진 현상이다.

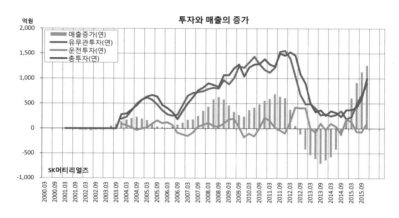

[현금흐름표]

SK머티리얼즈	2011.12	2012.12	2013.12	2014.12	2015.12	합계
영활현	1,486	527	966	544	1,499	5,022
유형투자	(1,503)	(1,139)	(287)	(191)	(870)	(3,990)
무형투자	0	0	0	(0)	(9)	(10)
관계회사등	(22)	0	0	0	(18)	(40)
자유현금	(39)	(611)	679	353	602	984
	조달	운용				
단기금융	0	0				
장기금융	5	0				
기타투자	0	(14)				
차입금	0	(94)				
증자	0	0				
자사주매입	0	0				
배당	0	(617)				
기타투자	0	(0)				
현금증가	0	(285)			억원	
환율변동	21	0			haclass.com	
합계	26	(1,010)				

지난 5년간의 현금흐름을 보면 최근 들어 계속 자유현금이 흑자이다. 여기서 나온 현금을 주로 배당으로 배분하고 있다.

[투자지표와 재무지표]

SK머티리얼즈 2015.12 억원	자산 6,651	부채 2,888	시가총액	11,180	시가/순익	16.9	
		자본 3,764	영활현금	1,499	시가/자본	3.0	
			투자현금	(897)	시가/자유현	18.6	
	영업이익 1,128	매출액 3,380	자유현금	602	시가/매출	3.3	
	순이익 662				배당/시가	0.9%	
						1년전	5년전
		보통주	우선주		매출/영업자	0.6	0.5
					매출/유형자	0.7	0.5
주가(원)	106,000				매출/운전자	2.8	2.8
주식수(천주)	10,548				영익/영업자	21.4%	10.8%
시가총액(억)	11,180				영익/투자자	19.8%	10.4%
					순익/자본	17.6%	10.1%
2016.3.26					총익/매출	41.1%	29.6%
					영익/매출	33.4%	20.4%
*2013.03부터 연결실적					순익/매출	19.6%	12.0%
					운전투/매출	−3.1%	−5.0%
					유형투/매출	−25.7%	−29.0%
haclass.com					매출증	59.7%	7.5%
					영익증	327.5%	7.5%
					순익증	386.4%	2.0%

[요약]

지금 이 회사의 시가총액은 1조 1천억원이다. 이를 지난 일년의 순이익과 비교하면 주가는 이익의 16~17배 수준이다. 회사의 자본이익률과 거의 비슷한 수준이다. 과거 5년간의 성장 속도는 아직 낮지만 최근에 매출과 이익이 갑자기 늘어서 지금의 주가를 지지하고 있다. 그러나 최근의 빠른 매출과 이익의 성장이 언제까지 계속될지는 알지 못한다. 만약 계속 이렇게 높게 늘어난다면 당연히 지금의 주가는 낮은 수준이다. 그러나 다시 과거의 성장으로 되돌아간다면 지금의 주가는 높다.

오스템임플란트

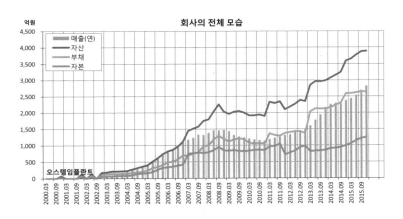

이 회사의 주가는 2012년에 한 번 올랐고, 다시 2014년부터 올라
가기 시작했다. 지금은 약간 조정을 받고 있는 중이다. 그러나 순이익은

지금이 2012년 초에 비해서 그다지 높은 수준은 아니다. 주가가 어떻게 이렇게 높아진 것일까?

회사의 전체 모습을 보면 매출액이 많이 올라갔다. 그 사이에 부채도 같이 올라가면서 자산이 늘었다.

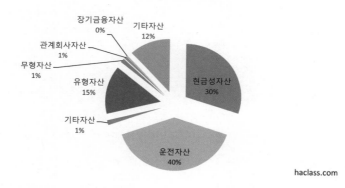

회사의 자산 구성을 보면 운전자산의 비중이 가장 많다.

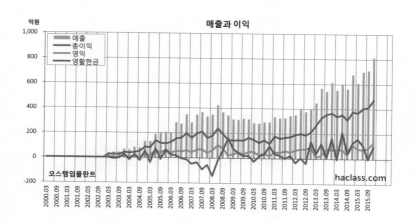

회사의 매출과 이익을 분기별로 보면 매출과 총이익은 많이 올라

갔으나 영업이익이나 현금흐름은 별 변화가 없다.

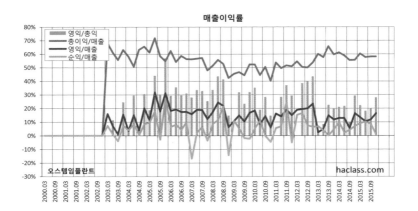

회사의 매출액이익률을 보면 영업이익률이 과거보다 한 단계 낮아졌다. 그리고 총이익에서 나오는 영업이익의 수준 역시 한 단계 낮아졌다. 그러나 주가는 많이 올랐다. 이는 그 사이에 매출이 늘어난 덕분이다. 회사의 자본이익률은 조금 높아졌다.

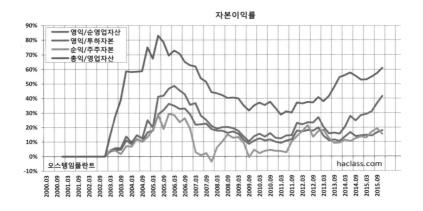

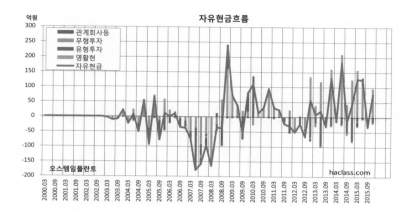

　　회사의 자유현금흐름을 보면 투자액이 작아서 자유현금을 만들어
내고 있다.

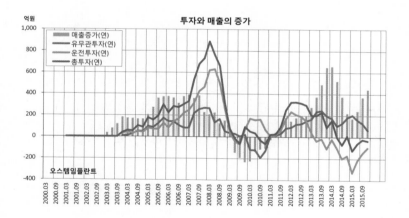

　　회사는 과거에 많은 금액을 투자했으나 지금은 투자액이 얼마 되
지 않는다. 이에 비해서 매출액은 많이 늘어서 투자효과는 매우 높게
나오고 있다. 지금 총투자가 작게 나오는 것은 운전자산에 잠긴 투자가
줄어들고 있어서이다.

[현금흐름표]

오스템임플란트	2011.12	2012.12	2013.12	2014.12	2015.12	합계
영활현	158	107	(4)	96	357	
유형투자	(11)	25	(19)	(16)	(21)	
무형투자	(5)	(2)	(9)	(5)	(21)	
관계회사등	(15)	(6)	0	0	(21)	
자유현금	127	125	(33)	75	294	

	조달	운용				
단기금융	0	(1)				
장기금융	0	(7)				
기타투자	0	(3)				
차입금	0	(170)				
증자	0	0				
자사주매입	0	0				
배당	0	0				
기타투자	54	0				
현금증가	0	(169)		억원		
환율변동	2	0		haclass.com		
합계	56	(350))				

회사의 현금흐름을 보면 영업에서 나온 자유현금으로 과거의 차입금을 갚아 나가고 있다.

[투자지표와 재무지표]

오스템임플란트 2015.12 억원	자산 3,894	부채 2,643	시가총액	10,857	시가/순익	58.7		
		자본 1,251	영활현금	357	시가/자본	9.0		
			투자현금	(63)	시가/자유현	38.3		
	영업이익 369	매출액 2,829	자유현금	294	시가/매출	4.0		
	순이익 191				배당/시가	0.0%		

	1년전	5년전
매출/영업자	3.2	2.1
매출/유형자	5.0	4.2
매출/운전자	1.8	1.6
영익/영업자	41.5%	23.6%
영익/투하자	17.9%	13.3%
순익/자본	15.3%	10.2%
총익/매출	58.4%	59.2%
영익/매출	13.1%	10.7%
순익/매출	6.8%	4.2%
운전투/매출	3.5%	1.0%
유형투/매출	−0.8%	−4.6%
매출증	18.6%	16.6%
영익증	28.2%	28.1%
순익증	40.4%	62.2%

	보통주	우선주
주가(원)	76,000	
주식수(천주)	14,286	
시가총액(억)	10,857	

2016.4.6

*201303부터 연결실적

haclass.com

[요약]

회사의 지금 시가총액은 약 1조원이다. 이를 지난 일년의 순이익과 비교하면 주가는 이익의 58~59배로 높은 수준이다. 자본이익률에 비해서도 높고 과거의 매출과 이익의 성장 속도를 고려해도 높은 수준이다. 회사의 장래 매출 성장 속도가 줄어든다면 주가는 많이 낮아질 가능성이 높다.

[주목할 기업들]

036480

대성미생물

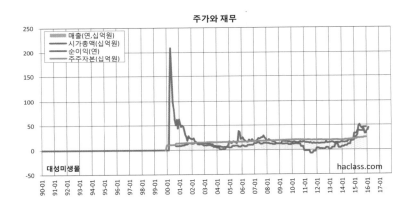

주가와 재무

- 매출(연,십억원)
- 시가총액(십억원)
- 순이익(연)
- 주주자본(십억원)

대성미생물

haclass.com

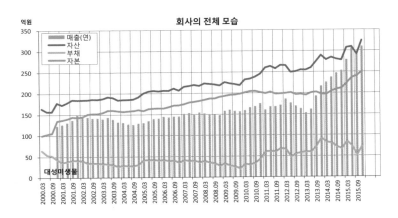

회사의 전체 모습

억원

- 매출(연)
- 자산
- 부채
- 자본

대성미생물

이 회사의 주가는 이익의 증가와 같이 2015년 들어 움직이기 시작했다. 회사의 전체 모습을 보면 매출이 2013년부터 늘기 시작했다. 지금은 매출이 더 빨리 늘어 자산을 따라잡았다.

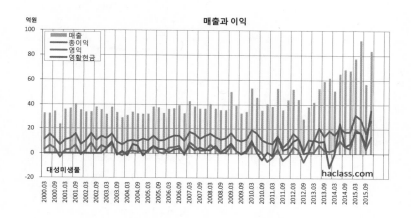

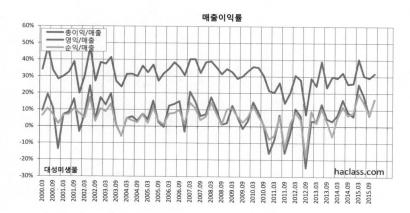

회사의 분기별 매출과 이익 움직임을 보면 매출과 이익이 동시에 늘고 있다. 회사의 매출액이익률도 올라가는 그림이다. 그리고 총이익에서 나오는 영업이익의 수준도 올라가고 있다.

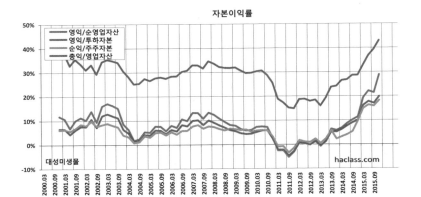

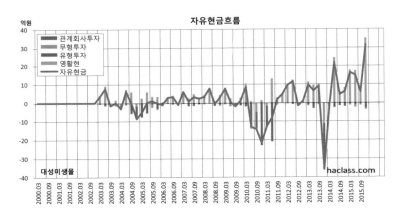

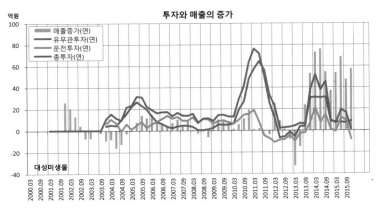

이 회사의 자본이익률은 많이 좋아졌다.

자유현금흐름도 투자액이 작아서 좋다.

회사는 투자액에 비해서 매출액이 높은 단계이다.

[현금흐름표]

대성미생물	2011.12	2012.12	2013.12	2014.12	2015.12	합계
영활현	18	23	19	38	77	175
유형투자	(32)	(2)	(29)	(8)	(5)	(76)
무형투자	(1)	(1)	(1)	(0)	(3)	(7)
관계회사투자	0	0	0	0	0	0
자유현금	(15)	20	(11)	30	68	93
	조달	운용				
단기금융	0	(0)				
장기금융	0	(1)				
기타투자	0	(1)				
차입금	0	(21)				
증자	0	0				
자사주매입	0	0				
배당	0	(16)				
기타투자	0	0				
현금증가	0	(53)			억원	
환율변동	0	0			haclass.com	
합계	0	(93)				

지난 5년 동안의 현금흐름을 합해도 그 금액이 별로 크지는 않다. 그러나 최근 연도에 자유현금은 과거보다 많이 늘어났다. 대부분의 자유현금은 자산에 현금으로 보관되고 있다.

[투자지표와 재무지표]

대성미생물	자산	부채	시가총액	444	시가/순익	9.8
2015.12	324	73			시가/자본	1.8
억원		자본	영활현금	77	시가/자유현	6.5
		251	투자현금	(9)	시가/매출	1.4
	영업이익	매출액	자유현금	68	배당/시가	0.7%
	53	310				

		1년전	5년전
매출/영업자		1.7	1.1
매출/유형자		2.3	1.6
매출/운전자		3.5	2.4
영익/영업자		28.8%	8.5%
영익/투하자		19.7%	6.6%
순익/자본		18.1%	6.1%
총익/매출		33.0%	27.3%
영익/매출		17.2%	6.0%
순익/매출		14.7%	5.1%
운전투/매출		2.7%	1.2%
유형투/매출		−1.7%	−7.6%
매출증		22.6%	12.1%
영익증		124.5%	58.5%
순익증		122.8%	46.6%

순이익
46

	보통주	우선주
주가(원)	116,900	
주식수(천주)	380	
시가총액(억)	444	

2016.3.20

haclass.com

[요약]

지금 이 회사의 시가총액은 400억원으로 아직 수준이 낮다. 이를 지난 일년의 순이익과 비교하면 주가는 이익의 9~10배이다. 이는 자본이익률에 비해서도 낮고, 또 회사의 성장을 고려해도 지금의 주가는 낮은 수준이다.

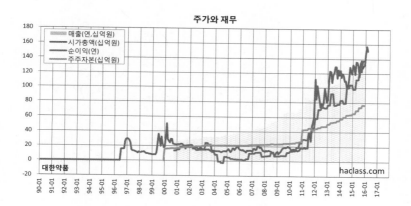

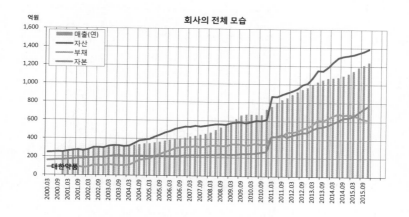

이 회사의 주가는 2011년 말에 크게 한 번 올랐다. 그후 조정을 받다 지금은 다시 올라가는 중이다. 그 시기 이후 순이익은 계속 올라가

고 있다. 회사의 전체 모습을 보면 매출액이 꾸준히 늘고 자산은 자본과 같이 늘고 있다. 부채는 줄고 있다.

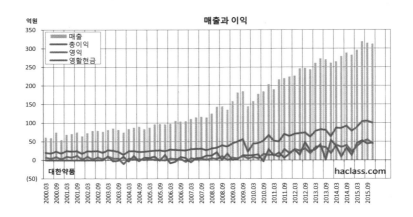

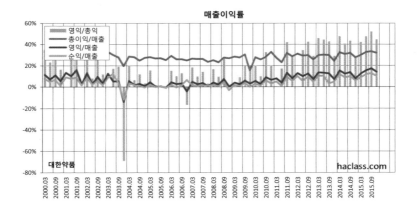

매출과 이익의 움직임을 분기별로 보면 둘 다 꾸준하게 올라가고 있다. 영업활동현금흐름도 이익보다는 변동이 심하다 이익을 따라 움직이고 있다.

이 회사의 매출액이익률은 과거에 비해서 높아졌다. 특히 총이익에서 나오는 영업이익의 비중이 높아졌고 안정되었다. 이것은 중요한 변화이다.

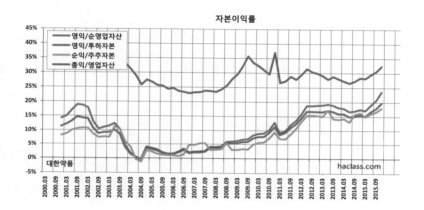

회사의 자본이익률 역시 계속 올라가고 있다. 최근에 다시 한 번 올라가고 있다. 자유현금흐름 역시 최근에는 좋아지고 있다. 영업에서 나오는 현금도 좋고, 투자도 일단락되어서 들어가는 현금도 줄었다.

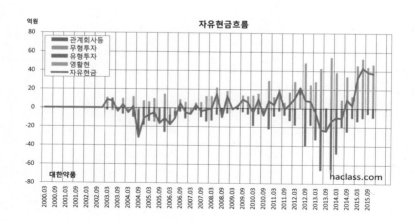

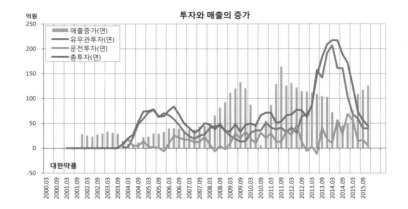

투자와 매출의 증가

대한약품

이 회사는 투자가 일단락되면서 줄었으나 그 효과로 매출은 늘어
나는 아주 좋은 국면에 들어가 있다.

[현금흐름표]

대한약품	2011.12	2012.12	2013.12	2014.12	2015.12	합계
영활현	56	117	127	95	191	586
유형투자	(32)	(68)	(188)	(103)	(39)	(431)
무형투자	(0)	0	(3)	(0)	0	(4)
관계회사등	0	0	0	0	0	0
자유현금	24	49	(65)	(8)	151	151
	조달	운용				
단기금융	34	0				
장기금융	0	(64)				
기타투자	0	(31)				
차입금	8	0				
증자	0	0				
자사주매입	2	0				
배당	0	(24)				
기타투자	0	(0)				
현금증가	0	(77)			억원	
환율변동	1	0			haclass.com	
합계	45	(196)				

지난 5년 동안 현금흐름을 보면 영업에서 만들어낸 자유현금을 일부는 배당을 주고 나머지는 현금 및 금융자산으로 보관하고 있다.

[투자지표와 재무지표]

대한약품	자산	부채	시가총액	1,506	시가/순익	11.0		
2015.12	1,388	620			시가/자본	2.0		
억원	자본		영활현금	191	시가/자유현	10.0		
	768		투자현금	(39)	시가/매출	1.2		
	영업이익	매출액	자유현금	151	배당/시가	0.6%		
	187	1,243					1년전	5년전
	순이익				매출/영업자		1.6	1.6
	138				매출/유형자		1.9	1.9
		보통주	우선주		매출/운전자		2.1	2.0
	주가(원)	25,100			영익/영업자		23.6%	18.3%
	주식수(천주)	6,000			영익/투하자		19.7%	16.0%
	시가총액(억)	1,506			순익/자본		17.9%	14.8%
					총익/매출		32.0%	29.6%
	2016.3.30				영익/매출		15.0%	11.7%
					순익/매출		11.1%	8.1%
					운전투/매출		−0.4%	−2.3%
					유형투/매출		−3.2%	−8.2%
	haclass.com				매출증		11.3%	11.3%
					영익증		34.0%	33.2%
					순익증		32.2%	40.9%

[요약]

회사의 지금 시가총액은 1500억원이다. 이를 지난 일년의 순이익과 비교하면 주가는 이익의 약 11배 수준이다. 이는 자본이익률에 비해서도 낮은 수준이고 과거의 이익성장 속도에 비해서도 낮은 수준이다.

동부하이텍

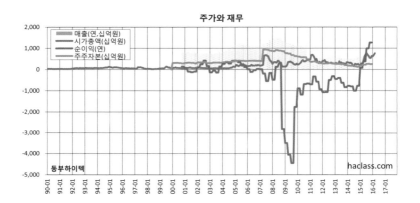

주가와 재무

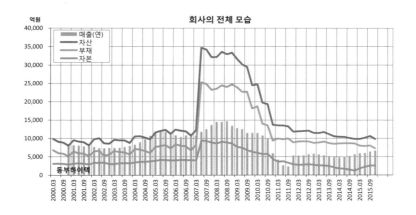

회사의 전체 모습

이 회사의 주가는 오랫동안 낮은 수준에 머물러 있다. 물론 순이익

도 좋지 못했다. 최근에 순이익이 좋아지면서 주가가 약간 고개를 들고

있다. 전체 모습은 많이 일그러져 있다. 2007~10년 사이는 합병과 분할로 해석하기 어렵다. 그후 매출이 거의 움직임이 없고 자산도 옆으로 가고 있다. 이 회사는 부채 수준이 자본에 비해서 많이 높은 편이다.

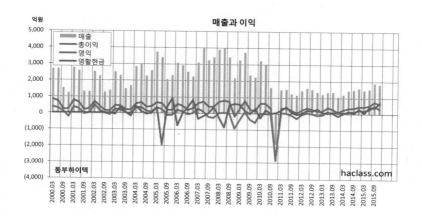

분기별 매출액과 이익의 움직임을 보면 최근에 매출이 약간 올라서고 있고 이익도 좀 움직인다. 매출액이익률도 최근에 약간 올라서고 있다.

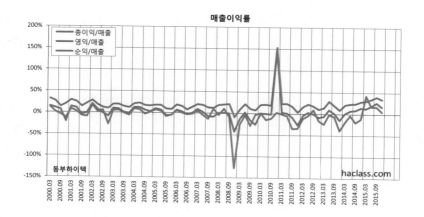

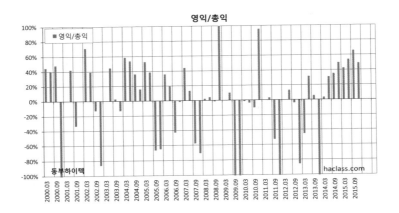

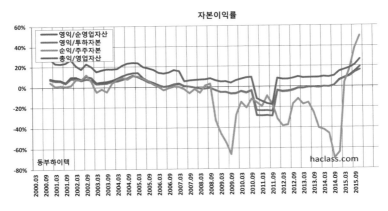

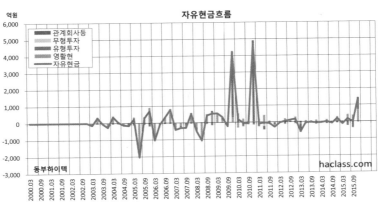

총이익에서 나오는 영업이익의 수준도 과거에 비해서는 많이 안정되어 있다. 앞으로도 계속 이런 그림이 그려져야 할 것이다.

자본이익률은 부채가 많아서 순이익/주주자본이익률 변동이 심하다. 투하자본을 기준으로 보아도 많이 좋아졌다.

이 회사는 최근에 거의 투자가 없다. 그래서 자유현금이 흑자를 내고 있다.

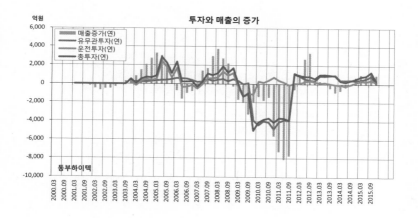

회사는 투자가 거의 없는 가운데 매출이 늘고 있어 투자액과 매출 증가액이 거의 균형을 보이고 있다.

동부하이텍	2011.12	2012.12	2013.12	2014.12	2015.12	합계
영활현	607	739	284	481	1,527	3,638
유형투자	(553)	(214)	(355)	(295)	(18)	(1,435)
무형투자	(270)	(147)	(109)	(76)	(58)	(661)
관계회사등	(279)	2	(512)	(21)	(25)	(835)
자유현금	(495)	380	(693)	88	1,426	706

	조달	운용				
단기금융	892	0				
장기금융	58	0				
기타투자	553	0				
차입금	0	(1,943)				
증자	0	0				
자사주매입	0	0				
배당	0	0				
기타투자	0	(59)				
현금증가	0	(154)			억원	
환율변동	0	(54)			haclass.com	
합계	1,503	(2,209))				

이 회사의 지난 5년간의 현금흐름을 보면 최근에 갑자기 자유현금이 늘었으나 이는 아마도 자산매각 현금으로 보인다. 이것으로 부채를 갚았다. 그러나 아직 부채 수준은 높다.

[요약]

지금 회사의 시가총액은 940억원이다. 이를 지난 일년 동안의 순이익과 비교하면 주가는 이익의 6배로 낮은 수준이다. 지난해 이익에는 영업외부문에서 갑자기 수익이 발생하여 순이익이 부풀려진 감이 있다. 이를 고려한다면 주가이익배수는 더 많이 올라갈 것이다. 그래도 이 회사의 주가는 여전히 자본이익률에 비해서 낮은 수준이다.

[투자지표와 재무지표]

동부하이텍	자산	부채	시가총액	938	시가/순익	6.0	
2015.12	9,846	7,306			시가/자본	3.0	
억원		자본	영활현금	1,527	시가/자유현	5.3	
		2,541	투자현금	(101)	시가/매출	1.1	
	영업이익	매출액	자유현금	1,426	배당/시가	0.0%	
	1,250	6,666				1년전	5년전
	순이익				매출/영업자	1.0	0.7
	1,267				매출/유형자	1.3	0.9
		보통주	우선주		매출/운전자	3.1	3.3
	주가(원)	5,320			영익/영업자	19.2%	3.2%
	주식수(천주)	17,637			영익/투하자	16.0%	3.1%
	시가총액(억)	938			순익/자본	49.9%	−19.4%
					총익/매출	34.5%	21.9%
	2016.3.29				영익/매출	18.7%	3.2%
					순익/매출	19.0%	−6.9%
	* 2013.03부터 연결실적				운전투/매출	−3.2%	−1.9%
					유형투/매출	−0.3%	−5.3%
	haclass.com				매출증	17.4%	−1.0%
					영익증	174.3%	−185.1%
					순익증	−264.6%	−212.3%

이렇게 주가가 낮은 이유는 아직 회사의 부채가 높은 수준이고 또 관계회사의 실적이 아직 정상적이지 못한 경우가 있기 때문일 것이다. 그러나 금리가 낮은 시기에는 부채가 높은 것이 오히려 이익에는 도움을 준다. 단 관계회사들의 실적이 문제다. 그것을 제외한다면 지금의 주가는 회사의 실력에 비해서 낮은 수준이라고 생각한다.

삼목에스폼

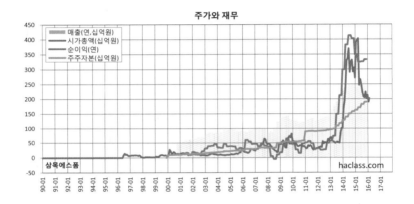

주가와 재무

범례:
- 매출(연,십억원)
- 시가총액(십억원)
- 순이익(연)
- 주주자본(십억원)

삼목에스폼   haclass.com

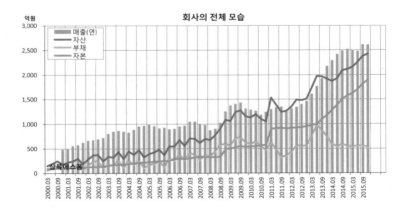

회사의 전체 모습

억원

범례:
- 매출(연)
- 자산
- 부채
- 자본

삼목에스폼

이 회사의 주가는 지금 많이 떨어졌다. 이익은 그렇게 떨어지지 않았는데 시장은 이 회사의 미래를 나쁘게 보고 있는 모양이다.

회사의 전체 모습을 보면 매출이 늘어나다 약간 주춤하고 있다. 자본이 늘면서 자산은 늘고 있다.

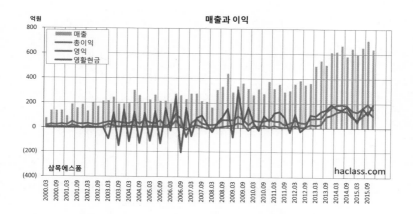

매출과 이익의 움직임을 분기별로 보면 매출이 늘어나다 주춤하고 있고, 이익도 마찬가지다.

매출액이익률은 과거보다 조금 높아진 수준에서 옆으로 가고 있다. 총이익에서 나오는 영업이익의 수준도 올라간 뒤 옆으로 가고 있다.

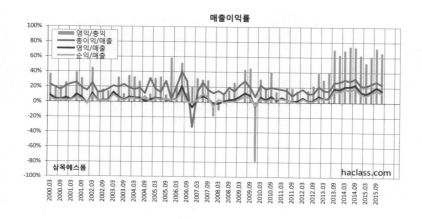

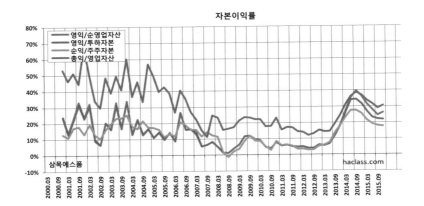

자본이익률을 보면 높아진 뒤에 지금은 다시 약간 조정을 받고 있다. 그러나 아직은 20% 이상으로 높은 수준이다. 그런데도 시가총액이 장부상 주주자본 아래로 떨어져 있다. 이는 장부상 주주자본의 성격이 아주 나쁘지 않다면 일어나기 어려운 일이다.

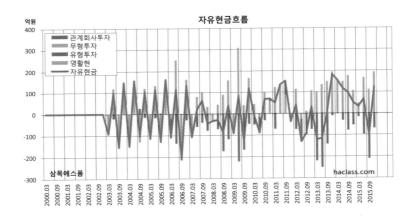

회사의 현금흐름은 가끔 투자가 발생하면 적자로 들어가기도 한다. 연간으로는 흑자이다.

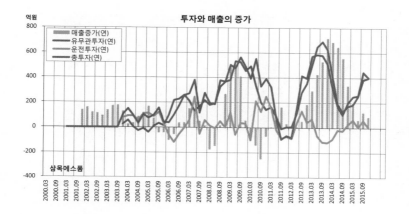

지금 이 회사의 한 가지 문제점은 투자액에 비해서 매출증가액이 적다는 점이다. 혹시 매출만 늘어난다면 주가는 더 올라갈 것이다.

[현금흐름표]

삼목에스폼	2011.12	2012.12	2013.12	2014.12	2015.12	합계
영활현	307	203	578	590	519	2,197
유형투자	(6)	(355)	(629)	(173)	(399)	(1,561)
무형투자	(0)	0	0	0	0	(0)
관계회사투자	0	0	0	0	0	0
자유현금	300	(152)	(51)	418	120	635
	조달	운용				
단기금융	0	(1)				
장기금융	0	(10)				
기타투자	2	0				
차입금	0	(313)				
증자	0	0				
자사주매입	9	0				
배당	0	(29)				
기타투자	0	(22)				
현금증가	0	(271)			억원	
환율변동	0	0			haclass.com	
합계	11	(646)				

지난 5년간의 현금흐름을 보면 영업에서 나온 자유현금으로 일부는 차입금을 갚고 일부는 현금으로 보관하고 있다.

[투자지표와 재무지표]

삼목에스폼	자산	부채	시가총액	2,029	시가/순익	6.1	
2015.12	2,426	527			시가/자본	1.1	
억원		자본	영활현금	519	시가/자유현	16.9	
		1,899	투자현금	(399)	시가/매출	0.8	
	영업이익	매출액	자유현금	119	배당/시가	0.5%	
	412	2,604				1년전	5년전
	순이익				매출/영업자	1.6	1.4
	333				매출/유형자	1.5	1.5
		보통주	우선주		매출/운전자	6.8	5.2
	주가(원)	20,700			영익/영업자	26.0%	16.4%
	주식수(천주)	9,800			영익/투하자	21.7%	16.3%
	시가총액(억)	2,029			순익/자본	17.5%	13.9%
					총익/매출	24.7%	20.7%
	2016.3.22				영익/매출	15.8%	11.1%
					순익/매출	12.8%	8.9%
					운전투/매출	−0.1%	1.3%
					유형투/매출	−15.3%	−15.2%
					매출증	3.5%	16.0%
	haclass.com				영익증	−17.3%	46.3%
					순익증	−17.5%	47.1%

[요약]

회사의 지금 시가총액은 2천억원이다. 이를 지난 일년 동안의 순이익과 비교하면 주가는 이익의 6~7배로 낮은 수준이다. 회사의 자본이익률에 비해서도 낮다. 2014년에 순이익이 워낙 좋아서 2015년 순이익이 줄어든 것으로 나온다.

이 회사는 자산 중에서 워낙 유형자산의 비중이 높아서 매출증가가 회사 성장의 필수 요소이다. 당장 매출증가가 높아질 기미는 보이지 않지만 혹시 여기서 순이익이 더 줄지만 않아도 지금의 주가는 회사의 실력에 비해서 낮은 수준이다.

에이스침대

주가와 재무

- 매출(연,십억원)
- 시가총액(십억원)
- 순이익(연)
- 주주자본(십억원)

에이스침대

haclass.com

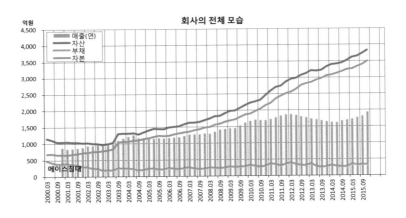

회사의 전체 모습

억원

- 매출(연)
- 자산
- 부채
- 자본

에이스침대

이 회사의 주가는 과거에도 여러 번 상승과 조정을 번갈아 했다.
시가총액이 장부상 주주자본과 겹치면 떨어지고 멀어진 시점에 올라가는 모양을 되풀이했다. 최근에 다시 주주자본과 주가의 사이가 약간 멀어졌다. 전체 모습을 보면 매출액은 정체히고 있으나 자본과 같이 자산은 늘고 있다. 그래서 자산과 매출 사이의 거리는 많이 벌어졌다.

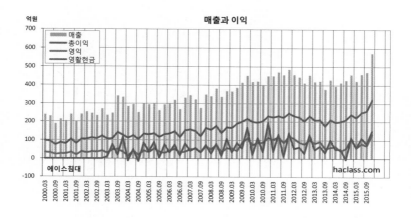

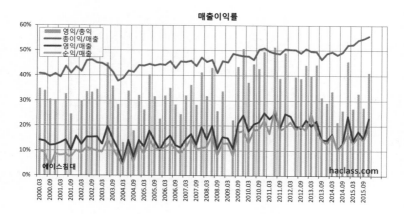

회사의 매출과 이익의 움직임을 분기별로 보면 최근 매출이 갑자기 늘면서 이익이 올라가고 있다. 매출액이익률 역시 총이익률이 먼저 올라가고 영업이익도 따라서 올라가려는 모양을 갖추었다.

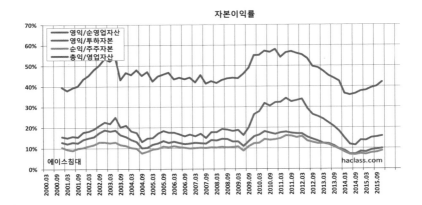

자본이익률은 여전히 과거에 비해서도 낮은 수준에 있다.

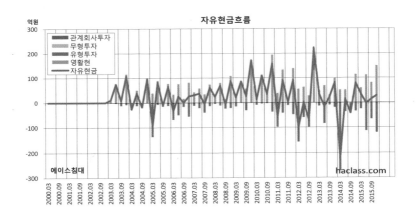

회사는 영업에서 나오는 현금흐름의 규모가 별로 크지 않아서 자유현금은 투자현금을 제외하면 거의 균형을 이루는 수준이다.

이 회사는 과거에도 투자액에 비해서 매출 증가액이 너무 작았다. 매출증가액이 투자액을 넘어서야 회사의 주가가 주주자본을 넘어서 올라갈 것으로 생각된다.

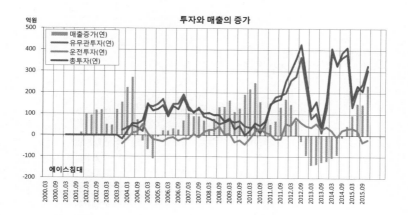

투자와 매출의 증가

[현금흐름표]

에이스침대	2011.12	2012.12	2013.12	2014.12	2015.12	합계
영활현	327	271	249	211	401	1,459
유형투자	(199)	(221)	(125)	(380)	(326)	(1,251)
무형투자	(0)	(1)	(0)	(0)	(0)	(1)
관계회사투자	0	0	0	0	0	0
자유현금	127	49	124	(169)	75	207
	조달	운용				
단기금융	60	0				
장기금융	0	(394)				
기타투자	407	0				
차입금	0	0				
증자	0	0				
자사주매입	0	0				
배당	0	(192)				
기타투자	24	0				
현금증가	0	(105)			억원	
환율변동	0	(6)			haclass.com	
합계	490	(697)				

　이 회사의 과거 5년 동안 현금흐름을 합해 보면 영업에서 나온 현금이 별로 많지 않다.

에이스침대	자산	부채	시가총액	3,314	시가/순익	10.9	
2015.12	3,823	324			시가/자본	0.9	
억원		자본	영활현금	401	시가/자유현	44.3	
		3,499	투자현금	(326)	시가/매출	1.7	
	영업이익	매출액	자유현금	75	배당/시가	1.4%	
	344	1,927				1년전	5년전
	순이익				매출/영업자	0.9	0.8
	305				매출/유형자	0.9	1.2
		보통주	우선주		매출/운전자	5.2	4.9
주가(원)	149,400				영익/영업자	15.9%	14.9%
주식수(천주)	2,218				영익/투하자	9.8%	11.6%
시가총액(억)	3,314				순익/자본	8.7%	10.5%
					총익/매출	54.4%	50.4%
2016.3.22					영익/매출	17.8%	19.0%
					순익/매출	15.8%	17.2%
* 2013.03부터 연결실적					운전투/매출	1.1%	−1.7%
					유형투/매출	−16.9%	−14.0%
					매출증	13.9%	2.6%
haclass.com					영익증	26.2%	−1.0%
					순익증	28.1%	0.0%

[요약]

지금 이 회사의 시가총액은 3300억원이다. 이를 지난 일년의 순이익과 비교하면 주가는 이익의 10~11배 수준이다. 이는 자본이익률과 거의 비슷한 수준이다. 이 회사는 과거의 매출과 이익 성장 속도가 매우 낮아서 주가 상승 가능성이 낮다. 그러나 최근에 매출과 이익이 갑자기 늘어나서 앞으로는 어떻게 될지 예측하기가 어렵다. 그러나 주가가 주주자본보다 낮은 것은 조금 이해하기 어렵다.

이크레더블

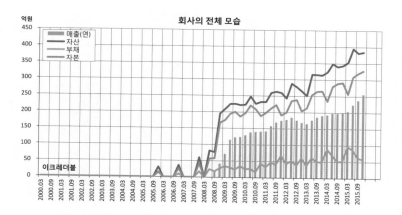

이 회사의 주가는 2014년부터 올라가고 있다. 지금은 다소 조정을 받고 있다. 그 사이에 순이익은 계속 올라가고 있다. 회사의 전체 모습

을 보면 매출액이 계속 늘고, 자본이 늘면서 자산도 늘고 있다.

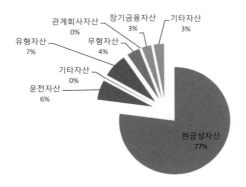

회사 자산의 대부분은 현금성자산으로 구성되어 있다. 즉 회사의 영업자산은 매우 적다는 의미이다.

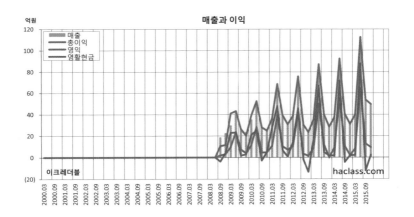

회사의 매출과 이익을 분기별로 보면 매출과 이익이 주기를 가지고 올라가는 모양이다.

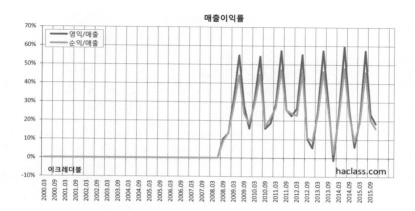

이 회사의 매출액이익률 역시 주기를 가지고 있다. 연간으로는 높은 수준이다.

자본이익률은 높은 수준에서 옆으로 가고 있다.

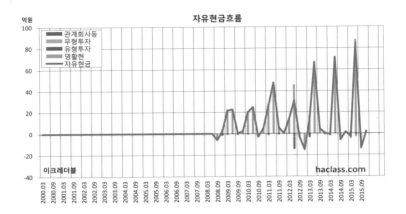

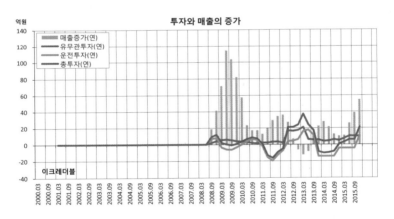

자유현금 역시 점차 높아지고 있다.

회사의 투자액과 매출의 관련성을 보면 투자액은 얼마 되지 않은데 매출이 늘어 좋은 결과를 만들어내고 있다.

[현금흐름표]

이크레더블	2011.12	2012.12	2013.12	2014.12	2015.12	합계
영활현	87	63	(12)	90	71	297
유형투자	(2)	(4)	(0)	(4)	(1)	(11)
무형투자	(1)	(3)	(2)	(2)	(3)	(11)
관계회사등	0	0	0	0	0	0
자유현금	84	56	(14)	84	66	275
	조달	운용				
단기금융	0	(87)				
장기금융	0	(0)				
기타투자	0	(13)				
차입금	0	0				
증자	0	0				
자사주매입	0	(19)				
배당	0	(137)				
기타투자	0	0				
현금증가	0	(19)			억원	
환율변동	0	0			haclass.com	
합계	0	(275)				

　　지난 5년 동안의 현금흐름표를 보면 많은 자유현금을 만들었고 이 것을 배당과 자사주로 주주에게 환원하고 있다.

이크레더블	자산	부채	시가총액	1,228	시가/순익	15.4
2015.12	384	57			시가/자본	3.7
억원		자본	영활현금	80	시가/자유현	17.3
		327	투자현금	(10)	시가/매출	4.7
	영업이익	매출액	자유현금	70	배당/시가	3.5%

	영업이익	매출액
	95	256
	순이익	
	78	

	보통주	우선주
주가(원)	10,200	
주식수(천주)	12,044	
시가총액(억)	1,228	

2016.4.7

*2013.03부터 연결실적

haclass.com

	1년전	5년전
매출/영업자	12.8	17.7
매출/유형자	9.3	5.5
매출/운전자	11.3	23.5
영익/영업자	471.6%	509.2%
영익/투하자	28.9%	22.0%
순익/자본	23.8%	19.1%
총익/매출	100.0%	100.0%
영익/매출	37.0%	31.5%
순익/매출	30.5%	27.9%
운전투/매출	-4.3%	-4.7%
유형투/매출	-1.2%	-1.3%
매출증	27.2%	7.6%
영익증	24.2%	9.7%
순익증	20.4%	8.6%

[요약]

이 회사의 지금 시가총액은 1200억원이다. 이를 지난 일년의 순이익과 비교하면 주가는 이익의 15~16배이다. 회사의 자본이익률보다 낮다. 최근의 높은 매출과 이익의 성장을 고려하면 지금의 주가는 실력에 비해서 낮은 수준이다. 또한 회사는 현재 보유중인 현금을 어떻게 사용할 것인가가 이 회사의 장래에 중요하다.

코웨이

주가와 재무

- 매출(연,십억원)
- 시가총액(십억원)
- 순이익(연)
- 주주자본(십억원)

코웨이

haclass.com

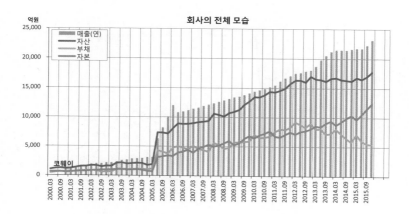

회사의 전체 모습

억원

- 매출(연)
- 자산
- 부채
- 자본

코웨이

이 회사의 주가는 2012년 말부터 올라가기 시작했다. 지금은 조
정을 받고 있는 중이다. 순이익 역시 그 무렵부터 올랐다.

회사 전체의 모습을 보면 매출은 꾸준하게 올라갔고, 부채는 줄고 자본은 늘어 자산은 옆으로 갔다. 자산의 매출효율은 더 올라갔다. 최근 한국기업에서 이런 회사는 드물다.

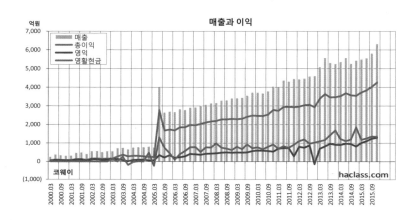

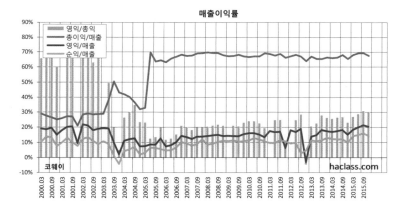

회사의 매출과 이익을 분기별로 보면 매출과 이익이 꾸준하게 올라가고 있다. 현금흐름이 이익보다 약간 더 높다.

매출액이익률을 보면 총이익에는 별 변화가 없고, 영업이익률은

약간 더 높아졌다. 그래서 총이익에서 나오는 영업이익의 수준도 약간
더 좋아졌다.

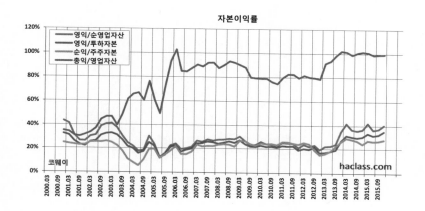

자본이익률은 2013년 중반부터 한 단계 더 올라갔다. 이것은 매우
높은 수준이다.

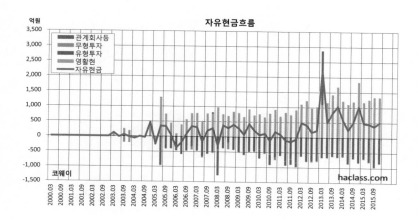

이 회사의 현금흐름을 보면 영업에서 들어오는 현금의 양이 많아

지면서 자유현금이 더 풍부해졌다.

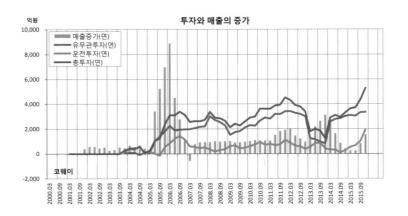

회사는 계속해서 투자를 하고 있다. 그러나 매출은 투자에 미치지 못하고 있다. 그래도 자본이익률이 좋아진 것은 매출이익률이 올라간 것으로 해석된다.

이 회사의 자금 사정을 보면 먼저 영업활동현금흐름이 좋아지고

그 다음에 차입금이 줄어들었다. 이런 유형의 회사를 더 찾을 수 있다면 좋은 투자기회가 될 것이다.

이 회사의 현금흐름을 보면 2012년부터 자유현금이 발생했다. 많은 자금이 배당이나 자사주 매입으로 주주에게 돌아갔다.

[현금흐름표]

코웨이	2011.12	2012.12	2013.12	2014.12	2015.12	합계
영활현	3,145	4,543	5,368	5,367	5,128	23,551
유형투자	(3,028)	(3,103)	(2,583)	(2,962)	(3,204)	(14,880)
무형투자	(68)	(77)	(24)	(60)	(54)	(284)
관계회사등	(74)	14	1,782	0	(86)	1,637
자유현금	(25)	1,377	4,542	2,345	1,785	10,024
	조달	운용				
단기금융	0	(58)				
장기금융	30	0				
기타투자	69	0				
차입금	0	(2,728)				
증자	0	0				
자사주매입	0	(1,238)				
배당	0	(5,082)				
기타투자	0	(547)				
현금증가	0	(417)			억원	
환율변동	0	(54)			haclass.com	
합계	99	(10,123)				

[투자지표와 재무지표]

코웨이	자산	부채	시가총액	71,803	시가/순익	21.7	
2015.12	17,754	5,372			시가/자본	6.0	
억원		자본	영활현금	5,128	시가/자유현	41.7	
		12,382	투자현금	(3,344)	시가/매출	3.2	
	영업이익	매출액	자유현금	1,785	배당/시가	2.0%	
	4,633	23,152				1년전	5년전
	순이익				매출/영업자	2.0	1.9
	3,431				매출/유형자	3.3	3.2
		보통주	우선주		매출/운전자	6.6	6.4
	주가(원)	93,100			영익/영업자	40.4%	30.4%
	주식수(천주)	77,125			영익/투하자	34.9%	25.3%
	시가총액(억)	71,803			순익/자본	27.7%	22.5%
					총익/매출	68.5%	67.0%
	2016.4.8				영익/매출	20.0%	15.4%
					순익/매출	14.8%	10.4%
					운전투/매출	-8.4%	-3.9%
	*2013.03부터 연결실적				유형투/매출	-13.8%	-14.4%
					매출증	7.2%	-1.8%
	haclass.com				영익증	27.1%	10.5%
					순익증	37.4%	10.2%

[요약]

지금 이 회사의 시가총액은 7조 2천억원이다. 이를 지난 일년의 순이익과 비교하면 주가는 이익의 21~22배이다. 이는 이 회사의 자본이익률보다 낮은 수준이다. 과거 회사의 성장률과 회사의 위험 정도를 고려하면 지금의 주가는 적정한 수준으로 보인다.

하이록코리아

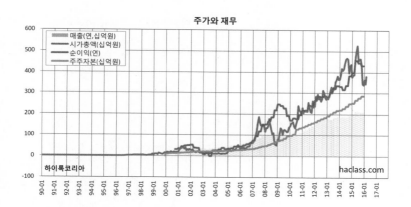

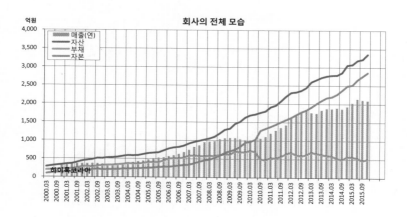

　　이 회사의 주가는 2009년부터 올라가기 시작해서 오랫동안 올라

갔다. 2015년 상반기 중에 하락하기 시작하여 지금은 다시 상승 조짐

을 보이고 있다. 그 사이에 이익도 같이 늘었지만 최근에는 약간 조정을 받고 있다. 마치 과거에 일어났던 것처럼 지금도 이익 아래로 주가가 떨어졌다. 과거 2008년에도 이익은 올랐으나 주가는 떨어졌다. 그후 이익은 떨어졌으나 주가는 올랐다.

회사의 전체 모습을 보면 매출이 늘어나다 얼마 전부터 정체하고 있다. 그 사이에 자본이 늘어나서 자산은 올랐다. 과거에 비해 자산과 매출 사이의 거리가 벌어졌다.

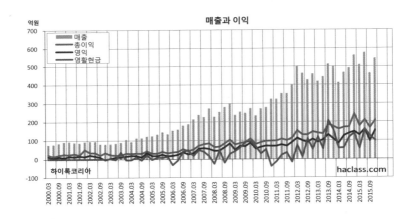

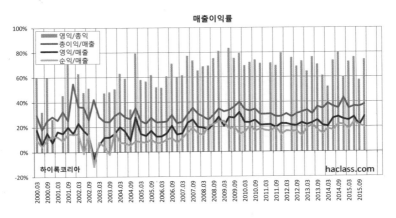

매출과 이익을 분기별로 보면 매출이 조정을 받고 있고 이익도 옆으로 가고 있다. 회사의 매출액이익률은 매출이 조정을 받고 있으나 여전히 과거의 수준을 유지하고 있다. 총이익에서 나오는 영업이익의 수준도 과거의 위치를 유지하고 있다.

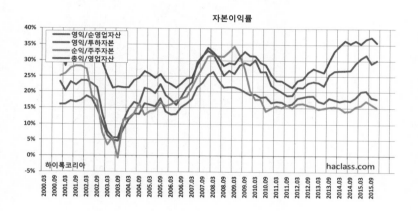

자본이익률은 여전히 과거의 수준인 15~20%를 유지하고 있다. 자유현금흐름 역시 흑자를 내고 있다.

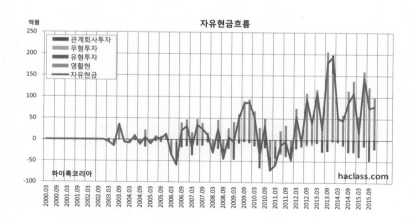

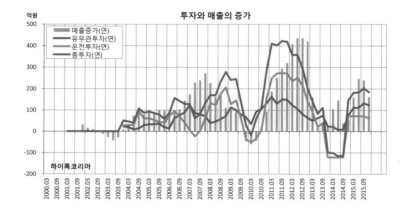

투자액에 비해서 매출 증가액 역시 비슷한 수준으로 늘고 있다.

[현금흐름표]

하이록코리아	2011.12	2012.12	2013.12	2014.12	2015.12	합계
영활현	38	255	531	368	437	1,629
유형투자	(153)	(52)	(20)	(73)	(124)	(423)
무형투자	(19)	(13)	(3)	(3)	1	(37)
관계회사투자	(2)	0	0	0	0	(2)
자유현금	(137)	190	509	292	314	1,168
	조달	운용				
단기금융	0	0				
장기금융	0	(849)				
기타투자	0	(119)				
차입금	0	(105)				
증자	0	0				
자사주매입	0	0				
배당	0	(182)				
기타투자	0	0				
현금증가	87	0			억원	
환율변동	0	0			haclass.com	
합계	88	(1,255)				

지난 5년 동안의 현금흐름를 합해 보면 영업에서 자유현금을 마련

해서 일부는 배당을 주고 나머지는 장기금융자산으로 배분하고 있다.

[투자지표와 재무지표]

하이록코리아 2015.12 억원	자산 3,352	부채 498	시가총액 3,750	시가/순익 8.8
		자본		시가/자본 1.3
		2,854	영활현금 437	시가/자유현 12.1
	영업이익	매출액	투자현금 (123)	시가/매출 1.8
	536	2,092	자유현금 314	배당/시가 1.5%
	순이익			
	432			

	보통주	우선주
주가(원)	27,550	
주식수(천주)	13,613	
시가총액(억)	3,750	

2016.3.18

* 2013.03부터 연결실적

haclass.com

	1년전	5년전
매출/영업자	1.2	1.0
매출/유형자	2.7	2.5
매출/운전자	1.8	1.6
영익/영업자	30.1%	24.5%
영익/투하자	17.8%	17.9%
순익/자본	15.1%	15.4%
총익/매출	36.3%	34.0%
영익/매출	25.6%	23.5%
순익/매출	20.6%	18.2%
운전투/매출	−2.9%	−5.3%
유형투/매출	−5.9%	−4.8%
매출증	8.4%	13.6%
영익증	9.4%	15.7%
순익증	13.0%	17.0%

[요약]

현재 이 회사의 시가총액은 3800억원이다. 이를 지난 일년의 순이익과 비교하면 주가는 이익의 8~9배로 자본이익률에 비해서 낮은 수준이다. 그리고 지금의 순이익을 그대로 유지한다고 가정해도 지금의 주가는 회사의 실력에 비해서 낮은 수준이다. 시장에서는 이 회사의 실적이 앞으로 나빠질 것으로 보는 모양이다. 회사가 지금의 실적만 유지를 해도 지금의 주가는 낮은 수준이다.

한샘

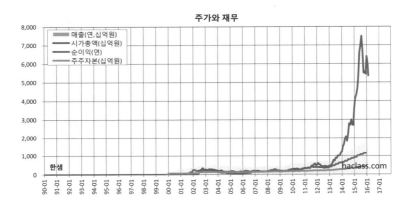

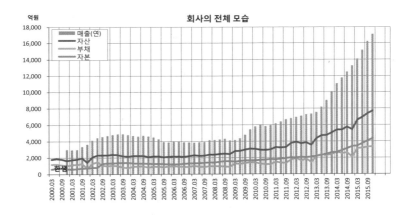

이 회사의 주가는 2013년부터 올랐다. 2015년까지 정말 많이 올랐다. 그리고는 하락 조정중이다. 순이익도 이 무렵부터 올라갔다. 회사

의 전체 모습을 보면 매출이 많이 늘어났다. 그리고 자본, 부채가 늘면서 자산도 늘고 있다. 매출이 자산보다 훨씬 더 많다.

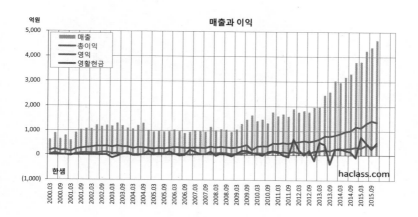

회사의 매출과 이익의 움직임을 분기별로 보면 최근에 와서 많이 올라가고 있다. 이에 비해 현금흐름은 변화가 좀 심한 편이다. 그리고 매출액이익률은 과거보다 약간 올라갔다. 총이익에서 나오는 영업이익의 수준도 안정되면서 조금 올라갔다.

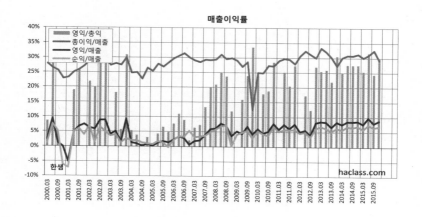

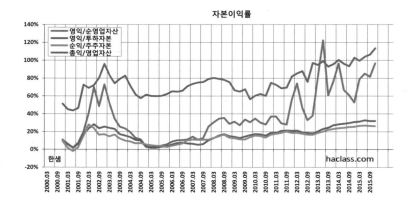

회사의 자본이익률 역시 올라갔다.

자유현금은 영업현금의 변동으로 변화가 있으나 연간으로는 큰 흑자이다. 투자액은 상대적으로 적은 편이다.

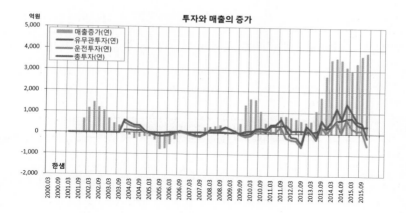

회사의 투자액에 비해서 늘어나는 매출의 크기는 아주 높다.

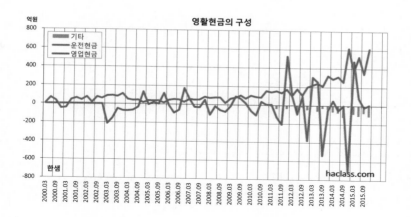

회사의 영업활동현금흐름에 변동이 많은 것은 운전자산에 잠기는 현금의 변동이 높아서이다. 특히 영업부채에서 현금의 변동이 높다. 왜 이런 현상이 일어나는지는 알지 못한다.

지난 5년 동안 회사의 현금흐름을 합해 보면 영업에서 자유현금이 나와서 이것으로 일부 배당을 주고 주로 금융자산으로 보관하고 있다. 특히 지난해에는 자유현금이 크게 늘어났다.

[현금흐름표]

한샘	2011.12.12	2012.12	2013.12	2014.12	2015.12	합계
영활현	769	222	847	499	2,010	4,347
유형투자	(467)	(70)	(256)	(581)	(343)	(1,718)
무형투자	(10)	(5)	(1)	(1)	(11)	(27)
관계회사투자	0	(13)	0	(150)	0	(163)
자유현금	292	133	590	(233)	1,657	2,438
	조달	운용				
단기금융	0	(1,224)				
장기금융	0	(323)				
기타투자	178	0				
차입금	34	0				
증자	0	0				
자사주매입	0	(144)				
배당	0	(596)				
기타투자	0	(73)				
현금증가	0	(291)		억원		
환율변동	1	0		haclass.com		
합계	212	(2,652)				

[요약]

회사의 지금 시가총액은 5조 3천억원이다. 이를 지난 일년 동안의 순이익과 비교하면 주가는 이익의 약 46~47배로 높은 수준이다. 이는 자본이익률보다도 높다. 이 회사는 과거의 성장률이 높아서 주가가 매우 높으나 이를 고려하더라도 지금의 주가는 너무 높다고 생각한다.

[투자지표와 재무지표]

한샘 2015.12 억원	자산 7,688	부채 3,337	시가총액	53,540	시가/순익	46.7	
		자본 4,352	영활현금 투자현금 자유현금	2,010 (354) 1,657	시가/자본 시가/자유현 시가/매출 배당/시가	12.3 32.3 3.1 0.3%	

영업이익 1,467 순이익 1,147	매출액 17,105

	보통주	우선주
주가(원)	227,500	
주식수(천주)	23,534	
시가총액(억)	53,540	

2016.3.18

* 2013.03부터 연결실적

haclass.com

	1년전	5년전
매출/영업자	11.3	7.5
매출/유형자	8.2	7.4
매출/운전자	9.1	7.9
영익/영업자	96.6%	57.0%
영익/투하자	32.1%	26.2%
순익/자본	26.4%	22.6%
총익/매출	30.7%	30.5%
영익/매출	8.6%	7.5%
순익/매출	6.7%	6.0%
운전투/매출	3.2%	−0.6%
유형투/매출	−2.0%	−3.3%
매출증	29.1%	22.3%
영익증	32.9%	31.8%
순익증	32.3%	31.6%

DRB동일

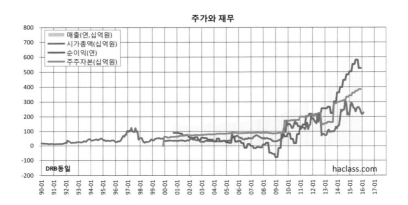

주가와 재무

- 매출(연,십억원)
- 시가총액(십억원)
- 순이익(연)
- 주주자본(십억원)

DRB동일   haclass.com

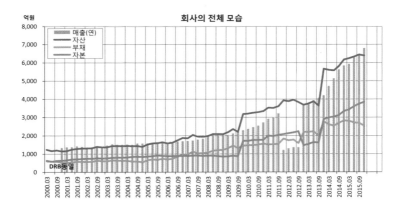

회사의 전체 모습

억원

- 매출(연)
- 자산
- 부채
- 자본

DRB동일

이 회사의 주가는 2014년에 들어 조금 올랐다. 그리고는 옆으로
또는 내려오고 있다. 반면에 순이익은 2015년 중반까지 계속 올랐다.

이 회사의 주가가 이익 변화를 반영하지 않은 이유는 무엇일까? 지금은 주가가 장부상 주주자본보다 많이 아래에 있다. 무슨 원인이 있다면 아마도 관계회사들의 실적이 아닌가 생각한다.

이 회사의 전체 모습을 보면 지금은 매출이 올라가고 자본이 늘고 부채가 줄면서 자산이 약간 느리게 늘고 있다. 매출이 막 자산을 넘어섰다. 과거에 자산이 줄고 매출이 줄었던 시기가 있었다. 이는 2012년에 일어난 인적, 물적 분할 때문인 것으로 보인다.

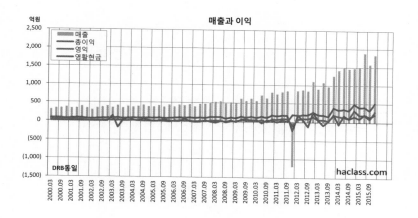

회사의 매출과 이익의 움직임을 분기별로 보면 매출이 늘고 이익은 약간 늘어난 후 옆으로 가고 있다.

매출액이익률은 한 단계 올라간 후 옆으로 가고 있다. 그리고 총이익에서 나오는 영업이익의 수준도 과거에 비해서는 안정되어 있다.

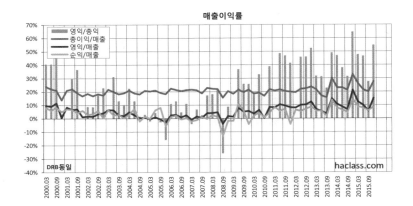

매출액이익률은 한 단계 올라간 후에 옆으로 가고 있다. 그리고 총
이익에서 나오는 영업이익의 수준도 과거에 비해서는 안정되어 있다.

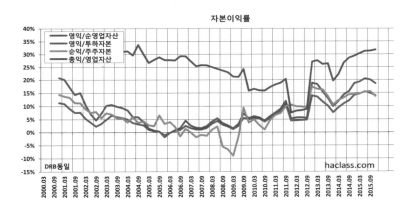

자본이익률 역시 과거에 비해서는 높아졌다.

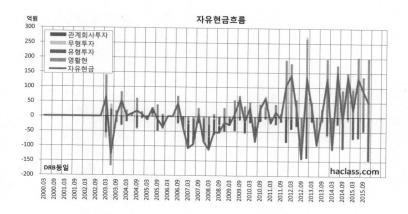

현금흐름도 과거에 비해서는 양호하다. 최근에 투자가 늘어났다.

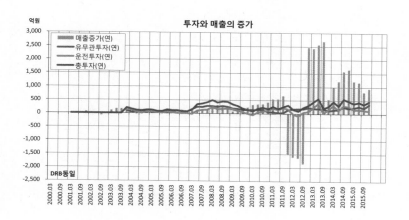

회사의 투자액을 매출증가액과 비교하면 지금은 매출이 더 많이 늘고 있다. 이것은 좋은 현상이다.

지난 5년 동안 회사의 현금흐름을 합하여 보면 영업에서 마련한 자유현금을 대부분 현금으로 보관하고 있다.

[현금흐름표]

DRB동일	2011.12	2012.12	2013.12	2014.12	2015.12	합계
영활현	342	372	191	356	635	1,895
유형투자	(119)	(195)	(96)	(182)	(337)	(929)
무형투자	(11)	3	(17)	(14)	(9)	(47)
관계회사투자	0	(45)	0	0	0	(45)
자유현금	212	135	79	160	289	874
	조달	운용				
단기금융	0	(0)				
장기금융	0	(0)				
기타투자	142	0				
차입금	0	(148)				
증자	0	0				
자사주매입	0	0				
배당	0	0				
기타투자	0	(65)				
현금증가	0	(776)			억원	
환율변동	0	(26)			haclass.com	
합계	142	(1,016				

[요약]

지금 이 회사의 시가총액은 2300억원이다. 이를 지난 일년의 순이익과 비교하면 주가는 이익의 4~5배로 매우 낮은 수준이다. 앞에서 보았듯이 이 회사의 주가가 이토록 낮은 것은 아마도 자회사들 중에 실적이 나쁜 회사가 있어서라고 생각한다. 자회사의 실적이 앞으로 어떻게 될 것인지 알기는 매우 어렵다. 그러나 더 나빠지지 않는다고 가정한다면 지금의 주가는 회사의 실력에 비해서 낮은 수준이다.

[투자지표와 재무지표]

DRB동일	자산	부채	시가총액	2,269	시가/순익	4.3	
2015.12	6,391	2,540			시가/자본	0.6	
억원		자본	영활현금	635	시가/자유현	7.9	
		3,851	투자현금	(346)	시가/매출	0.3	
	영업이익	매출액	자유현금	289	배당/시가	0.0%	

					1년전	5년전
737	6,796			매출/영업자	1.7	1.4
순이익				매출/유형자	2.6	2.1
526				매출/운전자	3.3	2.6
	보통주	우선주		영익/영업자	18.6%	12.8%
주가(원)	12,600			영익/투하자	14.0%	10.0%
주식수(천주)	18,010			순익/자본	13.7%	14.2%
시가총액(억)	2,269			총익/매출	23.7%	22.3%
				영익/매출	10.9%	9.0%
2016.3.23				순익/매출	7.7%	8.4%
				운전투/매출	−1.6%	−3.1%
* 2013.03부터 연결실적				유형투/매출	−5.0%	−4.1%
				매출증	16.2%	11.3%
haclass.com				영익증	6.5%	35.6%
				순익증	8.8%	44.8%

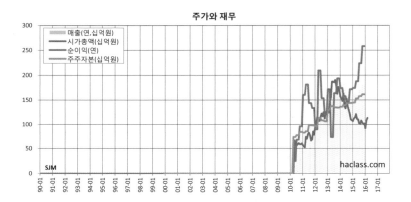

주가와 재무

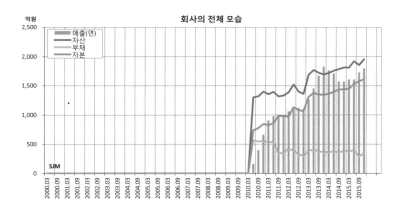

회사의 전체 모습

이 회사의 주가는 2014년부터 내려오고 있다. 그러나 그 뒤에 순이익은 계속 올라가고 있다. 순이익과 주가 사이의 거리는 많이 벌어졌다. 그리고 장부상 주주자본보다 시가총액이 많이 내려와 있다. 왜 이런 일이 일어났을까?

회사의 전체 모습을 보면 매출이 오르내리다 다시 올라가고 있다. 그 사이에 자본이 늘면서 자산도 늘고 있다.

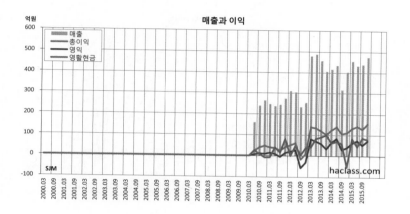

매출과 이익의 움직임을 분기별로 보면 최근 매출의 변동이 별로 좋지 않다. 이익도 옆으로 가고 있다.

이익과 현금흐름의 관련성을 보면 현금흐름이 거의 이익과 같이 움직이는데, 가끔 운전자산에 현금이 잠기면서 약간의 변동이 있다.

매출액이익률을 보면 과거에 비해서는 한 단계 올라와 있다. 그러나 최근에는 옆으로 가고 있다.

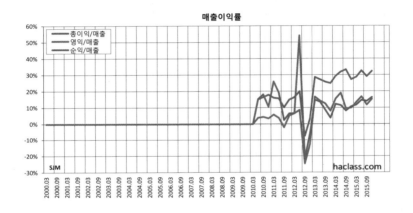

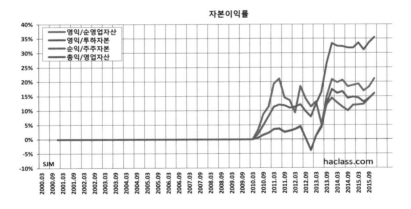

회사의 자본이익률을 보면 과거에 비해서 한 단계 올라와 있다. 그러나 최근에는 옆으로 가고 있다.

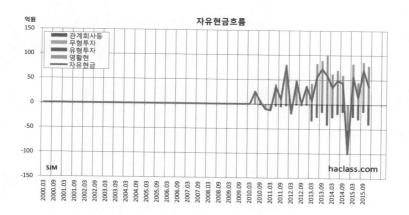

자유현금은 투자액이 비교적 작아서 흑자를 내고 있다.

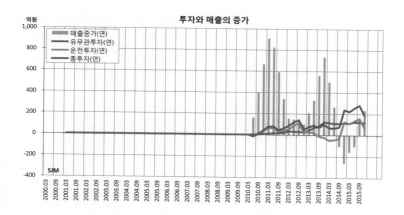

　　회사의 투자액과 매출 변동을 비교하면 그 동안 매출이 줄어들었
으나 최근에는 투자액 수준으로 늘어나고 있다. 이런 움직임이 계속된
다면 주가 하락을 설명하기 어렵다.

회사의 현금흐름표를 보면 회사는 자유현금을 마련해서 이것으로 차입금도 상환하고 배당도 주고 있다. 즉 회사의 영업에서 어려움이 발견되지는 않는다.

[현금흐름표]

SJM	2015.03	2015.06	2015.09	2015.12	연간
영활현	82	45	85	78	290
유형투자	(26)	(31)	(16)	(41)	(114)
무형투자	(0)	0	(0)	(1)	(1)
관계회사등	0	0	0	0	0
자유현금	56	13	70	37	176
	조달	운용			
단기금융	14	0			
장기금융	37	0			
기타투자	0	(49)			
차입금	0	(33)			
증자	0	0			
자사주매입	0	0			
배당	0	(36)			
기타투자	34	0			
현금증가	0	(127)		억원	
환율변동	0	(14)		haclass.com	
합계	84	(260)			

SJM	자산	부채	시가총액	1,141	시가/순익	4.4	
2,015.12	1,957	346			시가/자본	0.7	
억원		자본	영활현금	290	시가/자유현	6.5	
		1,611	투자현금	(115)	시가/매출	0.6	
	영업이익	매출액	자유현금	176	배당/시가	3.2%	
	258	1,803				1년전	5년전
	순이익				매출/영업자	1.5	1.5
	258				매출/유형자	2.8	3.1
		보통주	우선주		매출/운전자	2.0	2.0
	주가(원)	7,310			영익/영업자	21.2%	20.8%
	주식수(천주)	15,605			영익/투하자	16.0%	17.3%
	시가총액(억)	1,141			순익/자본	16.0%	15.2%
					총익/매출	30.8%	28.6%
	2016.3.31				영익/매출	14.3%	13.7%
					순익/매출	14.3%	11.6%
	* 2013.03부터 연결실적				운전투/매출	−3.7%	−4.3%
					유형투/매출	−6.3%	−4.9%
					매출증	14.8%	6.7%
	haclass.com				영익증	18.6%	10.9%
					순익증	50.5%	23.7%

[요약]

이 회사의 지금 시가총액은 1100억원이다. 이를 지난 일년의 순이익과 비교하면 주가는 이익의 약 4~5배로 매우 낮은 수준이다. 자본이익률에 비해서도 낮고 장부상 주주자본보다도 낮다. 주주자본에서 매년 자본비용 이상의 이익을 내고 있는데도 시가총액이 주주자본보다더 낮다는 것은 설명하기 어렵다. 즉 이 회사가 앞으로 실적이 많이 나빠진다는 가정이 거의 확실해야 한다. 그러나 지금의 어려운 시기에도회사는 영업을 잘 하고 있다.

제 **3** 장

—

외국의 주요기업 사례분석

애플

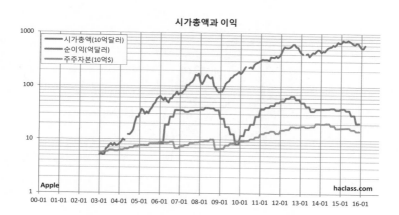

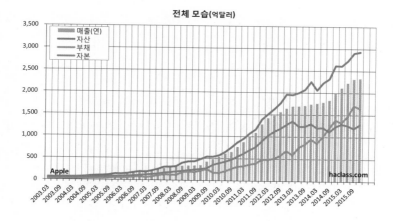

이 회사의 주가는 4년 이상 옆으로 가고 있다. 순이익 역시 옆으로 가고 있다. 주가는 순이익의 약 10배 수준에서 만들어지고 있다. 전체

모습을 보면 매출액은 최근 약간 늘어나고 자산도 부채의 증가로 같이 늘어나고 있다. 자산과 매출 사이의 거리는 약간 벌어졌다.

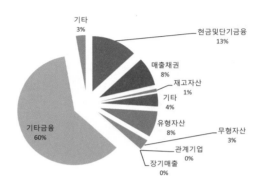

자산의 구성(2015.12)

자산구성을 보면 금융자산이 전체 자산의 70%가 넘는다. 즉 이회사의 영업자산의 규모는 매우 작다. 이렇게 작은 영업자산에서도 많은 이익을 만들어내고 있다. 즉 자본이익률이 매우 높다는 의미이다.

매출과 이익의 움직임을 분기별로 보면 매출이 주기성을 가지고 약간 늘고 있다. 이익 역시 주기성을 가지고 최근은 옆으로 가고 있다.

매출액이익률은 높은 위치에서 아주 안정적인 흐름을 보이고 있다. 총이익에서 나오는 영업이익의 수준도 아주 높다. 즉 판매에 별 어려움이 없다는 의미이다.

자본이익률 역시 수준이 아주 높다. 투하자본을 기준으로 보면 그냥 옆으로 가고 있다.

매출과 이익(억달러)

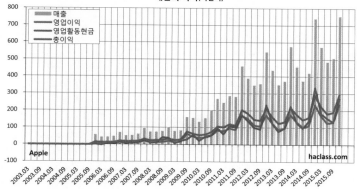

매출액이익률

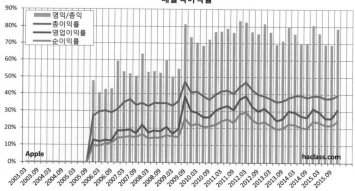

자본이익률

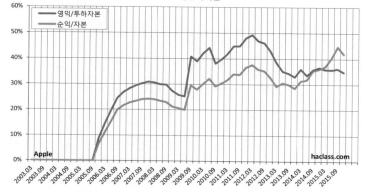

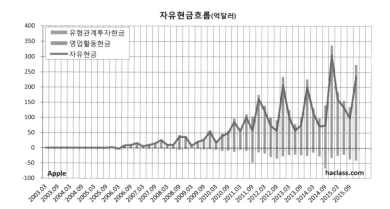

이 회사의 현금흐름을 보면 자유현금흐름이 아주 좋은 모습을 보이고 있다. 투자액이 별로 많지는 않다.

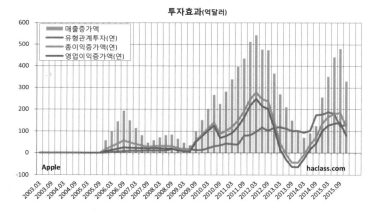

이 회사의 투자액과 매출의 변동을 보면 투자에 비해서 매출증가액이 훨씬 더 크다. 즉 투자 효과가 잘 나타나고 있다는 의미이다.

회사의 재무상태표를 보면 기타금융자산의 비중이 아주 높다. 순운전자본은 마이너스이고 차입금은 매출에 비해 약간 많아졌다. 이 회사는 순영업자산이 적자이다. 즉 남의 자산으로 영업을 하고 있다.

[재무상태표]

aapl–us	2014.12	2015.12	구성비	억달러	2014.12	2015.12	구성비
자산총계	2,619	2,933	100%	부채총계	1,386	1,650	56%
유동자산	834	762	26%	유동부채	736	761	26%
현금및단기금융	325	381	13%	단기차입금	39	98	3%
매출채권	300	246	8%	매입채무	380	333	11%
재고자산	23	25	1%	기타	317	330	11%
기타	187	111	4%	비유동부채	650	889	30%
비유동자산	1,785	2,171	74%	장기차입금	325	532	18%
유형자산	204	223	8%	기타	325	357	12%
무형자산	90	91	3%	주주자본	1,233	1,283	44%
관계기업	–	–	0%	지배주주	1,233	1,283	44%
장기매출	–	–	0%	비지배주주	–	–	0%
기타금융	1,455	1,777	61%				
기타	36	80	3%				
순운전/매출	–2.9%	–2.7%		총익/순영업자산	–426.6%	–366.5%	
차입금/매출	18.2%	27.1%		영익/투하자본	36.7%	34.9%	
매출액/순영업자산	–11.0	–9.5		영활현금/매출	35.5%	32.2%	

[투자지표와 재무지표]

aapl–us	자산	부채	시가총액	6,043	시가/순이익	11.2
2015.12	2,933	1,650			시가/자본	4.7
억달러	영업자산	자본			시가/매출	2.6
	775	1,283	영업활동	750	배당/시가	1.9%

	영업이익	매출액	투자활동	(556)		최근1년	과거 5년
	667	2,327	재무활동	(222)	매출/영자산	3.0	2.1
	순이익		현금증감	(28)	영현/영익	1.1	1.1
	537		자유현금	624	영익/매출	28.7%	41%
	시가총액	2016–03–31			순익/매출	23.1%	32%
	6,043				영익/투하	34.9%	40%
					영익/영자산	86.0%	85%
					순익/자본	41.9%	36%
					순운전/매출	–2.7%	–1%
					매출증감	16.6%	37.1%
					영익증감	13.8%	29.5%
haclass.com					순익증감	20.8%	30.7%

271

[요약]

이 회사의 지금 시가총액은 약 6천억 달러이다. 이를 지난 일년의 순이익과 비교하면 주가는 이익의 11~12배 수준이다. 자본이익률에 비해서도 낮은 수준이고 또 이 회사의 과거 매출과 이익성장 속도와 비교해도 지금의 주가는 낮은 수준이다.

마이크로소프트

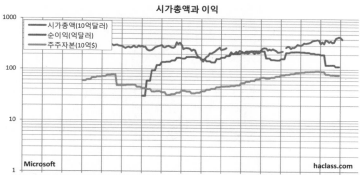

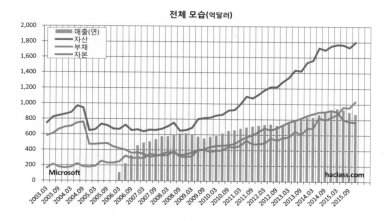

이 회사의 주가는 최근 위로 올라가고 있다. 반면에 순이익은 오랫
동안 옆으로 가다 최근에 낮아지고 있다. 주가는 거의 이익의 약 10배

수준에 있었으나 지금은 사이가 벌어졌다.

회사의 전체 모습을 보면 매출이 최근에 약간 줄고 있고 자산도 증가를 멈추었다. 여전히 자산은 매출보다 더 높다.

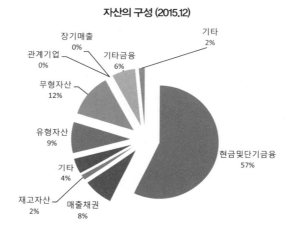

자산의 구성 (2015.12)

회사의 자산 구성을 보면 자산의 60% 이상이 현금 및 금융자산이다. 그리고 무형자산의 비중도 높다. 이 회사 역시 영업자산의 비중은 낮은 편이다.

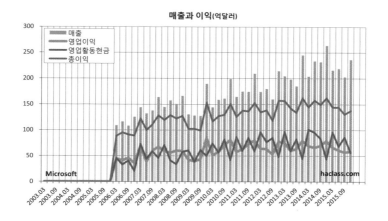

매출과 이익(억달러)

회사의 매출과 이익의 움직임을 분기별로 보면 최근에 매출이 약
간 주춤하고 있다. 그리고 이익도 내리막을 타고 있다.

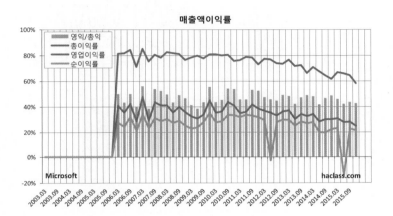

매출액이익률은 내려오는 모양이다. 그리고 총이익에서 나오는 영
업이익의 수준도 내려오고 있다.

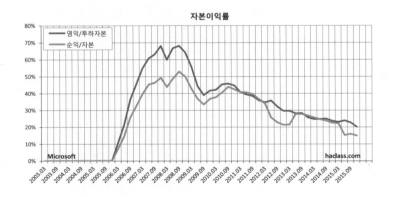

이 회사의 자본이익률은 줄기차게 내리막길을 걷고 있다. 이처럼
자본이익률을 올리는 것은 쉬운 일이 아니다.

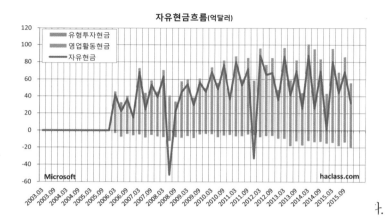

자유현금흐름(억달러)

ㅏ.

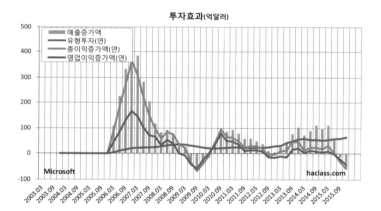

투자효과(억달러)

　　회사의 투자액과 매출 움직임을 비교하면 투자에 비해서 매출은 오히려 줄어들고 있다. 즉 투자효과가 나오지 않고 있다. 이는 좋지 못한 현상이다.

[재무상태표]

msft–us	2014.12	2015.12	구성비	억달러	2014.12	2015.12	구성비
자산총계	1748.5	1801.0	100%	부채총계	829.7	1033.2	57%
유동자산	1163.6	1278.1	71%	유동부채	474.2	426.4	24%
현금및단기금융	902.5	1026.4	57%	단기차입금	100.5	37.5	2%
매출채권	161.9	145.1	8%	매입채무	69.3	69.4	4%
재고자산	20.5	27.0	2%	기타	304.4	319.6	18%
기타	78.7	79.6	4%	비유동부채	355.5	606.8	34%
비유동자산	584.9	522.9	29%	장기차입금	182.6	406.8	23%
유형자산	136.1	157.9	9%	기타	172.9	200.0	11%
무형자산	291.5	220.6	12%	주주자본	918.8	767.8	43%
관계기업	0.0	0.0	0%	지배주주	918.8	767.8	43%
장기매출	0.0	0.0	0%	비지배주주	0.0	0.0	0%
기타금융	126.7	115.1	6%				
기타	30.6	29.3	2%				
순운전/매출	12.1%	11.8%		총익/순영업자산	355.0%	788.2%	
차입금/매출	30.4%	50.9%		영익/투하자본	23.6%	20.0%	
매출액/순영업자산	5.4	12.4		영활현금/매출	34.6%	35.0%	

회사의 재무상태표를 보면 차입금의 비중이 좀 높은 편이다.

[투자지표와 재무지표]

msft-us	자산	부채	시가총액	4,235	시가/순이익	37.1
2015.12	1,801.0	1033.2			시가/자본	5.5
억달러	영업자산	자본			시가/매출	4.8
	659.4	767.8	영업활동	305.8	배당/시가	2.4%
	영업이익	매출액	투자활동	(189.4)	최근1년	과거 5년
	242.2	873.1	재무활동	(107.8)	매출/영자산	1.3　1.3
	순이익		현금증감	7.6	영현/영익	1.3　1.1
	114.1		자유현금	224.7	영익/매출	27.7%　37%
	시가총액	2016-03-29			순익/매출	13.1%　26%
	4,235				영익/투하	20.0%　30%
					영익/영자산	36.7%　49%
					순익/자본	14.9%　27%
					순운전/매출	11.8%　18%
					매출증감	-6.4%　15.0%
					영익증감	-14.7%　3.1%
					순익증감	-44.8%　-8.3%

haclass.com

[요약]

이 회사의 시가총액은 약 4천억 달러이다. 이를 지난 일년의 순이익과 비교하면 주가는 이익의 37~38배로 매우 높은 수준이다. 자본이익률에 비해서도 높고 이 회사의 과거 영업실적을 고려해도 지금의 주가는 높은 수준이다.

영업보고서로 보는 좋은회사 나쁜회사

존슨앤존슨

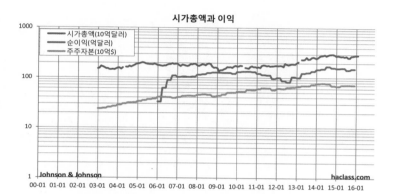

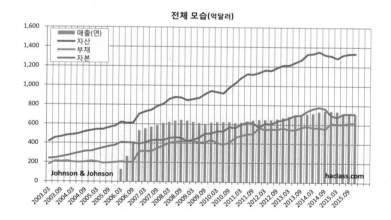

이 회사의 주가는 최근 옆으로 가고 있다. 순이익은 조금 내려간 모양이다. 주가는 이익의 10배 이상의 자리에서 움직이고 있다.

회사의 전체 모습을 보면 매출은 약간 줄고 있고 자산도 옆으로 가고 있다. 자산에 비해서는 매출이 많이 적다.

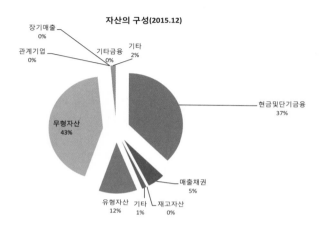

이 회사의 자산 구성을 보면 무형자산의 비중이 높다. 그리고 현금 및 금융자산의 비중도 높다.

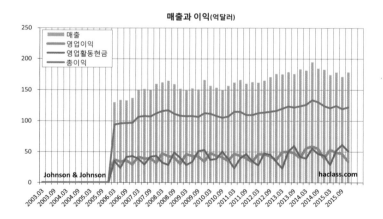

매출과 이익의 움직임을 분기별로 보면 매출이 줄고 총이익과 영업이익도 낮아지는 것이 보인다.

이 회사의 매출액이익률은 과거부터 높은 수준에서 아주 안정적으로 움직이고 있다. 이런 안정적인 모양을 찾기는 매우 어렵다.

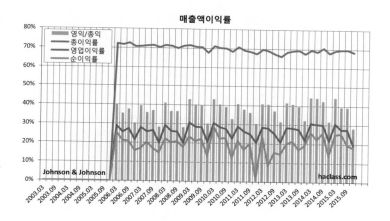

자본이익률 역시 비교적 높은 수준에서 옆으로 가고 있다.

이 회사의 자유현금흐름 역시 양호한 모습을 보이고 있다. 그리고 유형투자액은 별로 많지 않다. 매출액은 거의 늘지 않아서 투자와 관련성을 찾기는 어렵다.

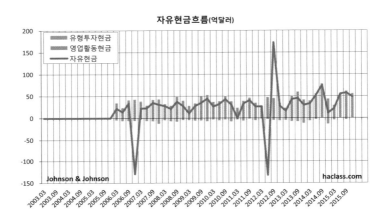

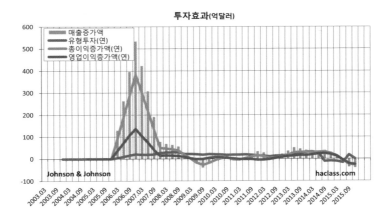

[재무상태표]

jnj-us	2014.12	2015.12	구성비	억달러	2014.12	2015.12	구성비
자산총계	1311.2	1334.1	100%	부채총계	613.7	622.6	47%
유동자산	593.1	602.1	45%	유동부채	250.9	277.5	21%
현금및단기금융	330.9	383.8	29%	단기차입금	36.4	70.0	5%
매출채권	109.9	107.3	8%	매입채무	76.3	66.7	5%
재고자산	81.8	80.5	6%	기타	138.1	140.8	11%
기타	70.5	30.5	2%	비유동부채	362.8	345.1	26%
비유동자산	718.1	732.0	55%	장기차입금	151.2	128.6	10%
유형자산	161.3	159.1	12%	기타	211.6	216.6	16%
무형자산	490.5	473.9	36%	주주자본	697.5	711.5	53%
관계기업	0.0	0.0	0%	지배주주	697.5	711.5	53%
장기매출	0.0	0.0	0%	비지배주주	0.0	0.0	0%
기타금융	6.8	14.9	1%				
기타	59.5	84.1	6%				

순운전/매출	15.5%	17.3%	총익/순영업자산		93.9%	95.1%
차입금/매출	25.2%	28.3%	영익/투하자본		23.6%	20.2%
매출액/순영업자산	1.4	1.4	영활현금/매출		24.8%	27.5%

jnj-us	자산	부채	시가총액	3,011	시가/순이익	19.5	
2015.12	1,334.1	622.6			시가/자본	4.2	
억달러	영업자산	자본			시가/매출	4.3	
	935.4	711.5	영업활동	192.8	배당/시가	2.7%	
	영업이익	매출액	투자활동	(77.4)		최근1년	과거 5년
	183.7	702.0	재무활동	(108.5)	매출/영자산	0.8	0.7
	순이익		현금증감	(7.9)	영현/영익	1.0	0.9
	154.1		자유현금	183.3	영익/매출	26.2%	27%
	시가총액	2016-03-29			순익/매출	22.0%	19%
	3,011				영익/투하	20.2%	21%
					영익/영자산	19.6%	19%
					순익/자본	21.7%	19%
					순운전/매출	17.3%	18%
					매출증감	-5.6%	4.4%
					영익증감	-12.2%	1.8%
haclass.com					순익증감	-5.6%	2.9%

[요약]

이 회사의 지금 시가총액은 3천억 달러이다. 이를 지난 일년의 순이익과 비교하면 주가는 이익의 19~20배이다. 자본이익률과 비슷한 수준이다. 그러나 매출과 이익의 성장 속도가 낮아서 이익의 힘만으로는 이 회사의 지금 주가를 설명하기 어렵다.

아마존

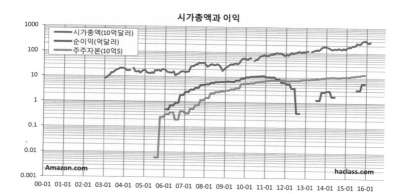

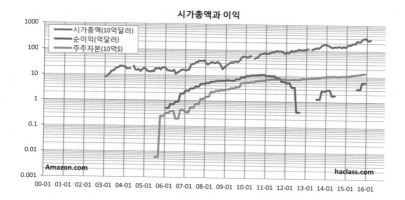

이 회사의 주가는 얼마 전까지도 계속 올라갔다. 그러나 순이익은 자주 적자를 내어 아직도 이익은 안정되어 있지 않다. 이런 회사의 주가

가 이토록 높은 까닭이 있을까? 회사의 전체 모습을 보면 매출이 아주
안정적으로 그리고 빠르게 늘고 있다. 이런 회사는 찾기 어려울 것이다.
그리고 자산도 같이 늘고 있으나 매출이 자산보다 더 많다.

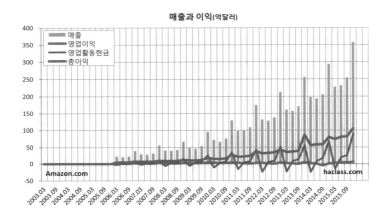

회사의 매출과 이익의 움직임을 보면 매출이 빠르게 늘고 있고 총
이익도 늘고 있다. 그러나 영업이익은 바닥이다. 한편 현금흐름은 총이
익을 따라 늘고 있다.

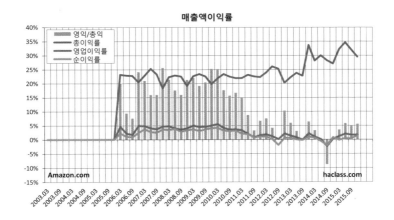

영업보고서로 보는 좋은회사 나쁜회사

회사의 매출액영업이익률은 사업의 내용이 바뀌면서 변화가 일어
났다. 지금은 아주 낮은 수준이고 총이익에서 나오는 영업이익의 수준
도 형편없다.

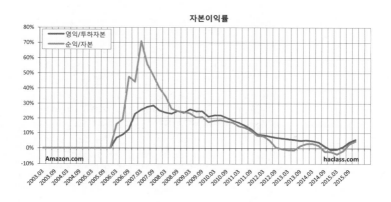

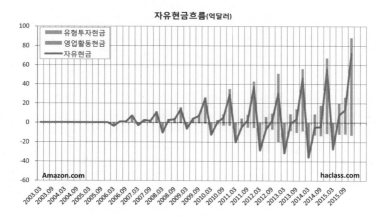

자본이익률 역시 거의 바닥에 있다가 최근에 약간 올라섰다.

이런 이익의 움직임과는 달리 현금흐름은 아주 좋다. 이는 자산의
감가상각이 비용으로 잡히지만 현금유출이 아니어서 이런 현상이 나
오고 있다. 그리고 순운전자산은 마이너스이다. 이 회사는 현금을 기준

으로 평가해야 한다. 이 회사의 투자액과 매출을 비교하면 투자액에 비해서 매출증가액이 훨씬 더 많다.

투자효과(억달러)

[재무상태표]

amzn-us	2014.12	2015.12	구성비	억달러	2014.12	2015.12	구성비
자산총계	563.4	677.1	100%	부채총계	456.0	543.2	80%
유동자산	313.3	364.7	54%	유동부채	280.9	339.0	50%
현금및단기금융	174.2	198.1	29%	단기차입금	36.0	33.6	5%
매출채권	56.1	64.2	9%	매입채무	164.6	204.0	30%
재고자산	83.0	102.4	15%	기타	80.3	101.4	15%
기타	0.0	0.0	0%	비유동부채	175.1	204.2	30%
비유동자산	250.1	312.3	46%	장기차입금	124.9	141.8	21%
유형자산	169.7	218.4	32%	기타	50.2	62.4	9%
무형자산	40.8	45.2	7%	주주자본	107.4	133.8	20%
관계기업	0.8	0.0	0%	지배주주	107.4	133.8	20%
장기매출	0.0	0.0	0%	비지배주주	0.0	0.0	0%
기타금융	8.1	7.0	1%				
기타	30.8	41.7	6%				

순운전/매출	-2.9%	-3.5%		총익/순영업자산	291.8%	326.4%
차입금/매출	18.1%	16.4%		영익/투하자본	-1.0%	5.5%
매출액/순영업자산	10.3	10.3		영활현금/매출	7.7%	11.1%

회사의 재무상태표를 보면 순운전자산이 마이너스이다. 그래서 순영업자산은 규모가 매우 작다.

[투자지표와 재무지표]

amzn-us	자산	부채	시가총액	2,796	시가/순이익	469.2	
2015.12	677.1	543.2			시가/자본	20.9	
억달러	영업자산	자본			시가/매출	2.6	
	472.0	133.8	영업활동	119.2	배당/시가	0.0%	
	영업이익	매출액	투자활동	(64.5)		최근1년	과거 5년
	17.1	1070.1	재무활동	(37.6)	매출/영자산	2.3	0.8
	순이익		현금증감	13.3	영현/영익	7.0	(0.7)
	6.0		자유현금	65.4	영익/매출	1.6%	6%
	시가총액	2016-03-29			순익/매출	0.6%	2%
	2,796				영익/투하	5.5%	5%
					영익/영자산	3.6%	3%
					순익/자본	4.5%	3%
					순운전/매출	-3.5%	-30%
					매출증감	20.2%	73.2%
haclass.com					영익증감	흑전	4.0%
					순익증감	흑전	-12.3%

[요약]

이 회사의 지금 시가총액은 2800억 달러이다. 이를 지난 일년의 순이익과 비교하면 주가는 이익의 거의 500배에 이른다. 이 회사는 순이익이 아니라 현금흐름으로 평가해야 한다. 그럴 경우 그리고 미래 위험 수준을 아주 낮게 평가할 경우 지금의 주가를 어느 정도 설명할 수도 있을 것이다.

페이스북

시가총액과 이익

- 시가총액(10억달러)
- 순이익(억달러)
- 주주자본(10억$)

Facebook, Inc. Class A

haclass.com

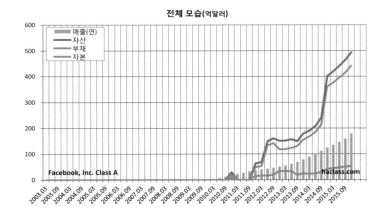

전체 모습(억달러)

- 매출(연)
- 자산
- 부채
- 자본

Facebook, Inc. Class A

haclass.com

이 회사의 주가는 최근에 많이 올랐다. 이익도 많이 올라간 후 지금은 조금 주춤하다. 전체 모습을 보면 매출이 빠르게 올랐으나 자산은 훨씬 더 빠르게 늘어났다. 자산과 매출 사이의 거리가 아주 멀다.

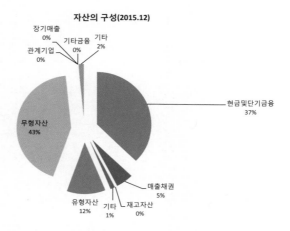

회사의 자산 구성을 보면 무형자산의 비중이 아주 높고 현금 및 단기금융자산의 비중도 높다.

회사의 매출과 이익의 움직임을 분기별로 보면 매출과 이익이 모두 빠르게 늘고 있다.

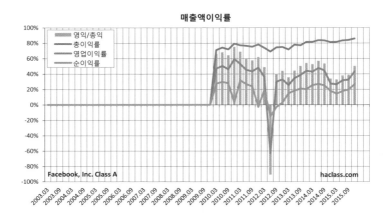

매출액이익률을 보면 영업이익률이 비교적 변동이 있는 편이다. 그
리고 총이익에서 나오는 영업이익의 수준에도 변동이 좀 있다.

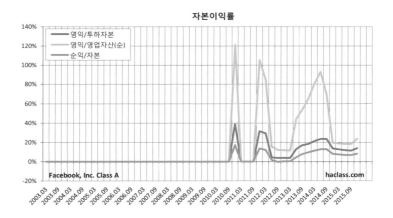

이익의 변동이 있어 자연히 자본이익률에도 변동이 있다.

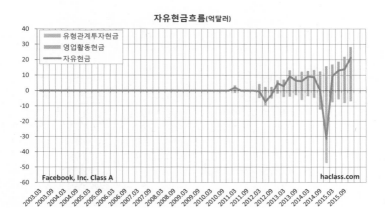

자유현금흐름(억달러)

이에 비해서 현금흐름은 좋다.

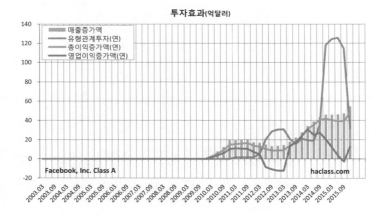

투자효과(억달러)

한때 투자액이 많이 늘어난 경험이 있으나 지금은 투자액에 비해서 매출증가액이 더 많은 수준이다.

fb-us	자산	부채	시가총액	2,665	시가/순이익	72.6	
2015.12	494.1	51.9			시가/자본	6.0	
억달러	영업자산	자본			시가/매출	14.9	
	309.7	442.2	영업활동	86.0	배당/시가	0.0%	
	영업이익	매출액	투자활동	(94.3)		최근1년	과거 5년
	62.3	179.3	재무활동	15.8	매출/영자산	0.6	1.7
	순이익		현금증감	5.9	영현/영익	1.4	1.6
	36.7		자유현금	57.6	영익/매출	34.7%	22%
	시가총액	2016-03-29			순익/매출	20.5%	10%
	2,665				영익/투하	14.0%	16%
					영익/영자산	20.1%	33%
					순익/자본	8.3%	8%
					순운전/매출	12.0%	7%
					매출증감	43.8%	52.7%
					영익증감	25.5%	43.2%
haclass.com					순익증감	25.4%	58.1%

[요약]

지금 이 회사의 시가총액은 2700억 달러이다. 이를 지난 일년의 순이익과 비교하면 주가는 이익의 약 72~73배로 높은 수준이다. 이는 자본이익률보다 더 높다. 비록 매출과 이익 성장 속도가 높기는 하지만 이 회사는 과거 실적에 약간의 변동이 있는 편이다. 이를 고려한다면 지금의 주가는 좀 높은 편이다.

코카콜라

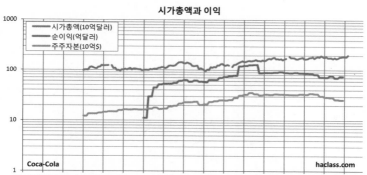

시가총액과 이익

- 시가총액(10억달러)
- 순이익(억달러)
- 주주자본(10억$)

Coca-Cola

haclass.com

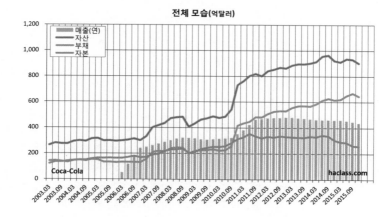

전체 모습(억달러)

- 매출(연)
- 자산
- 부채
- 자본

Coca-Cola

haclass.com

이 회사의 주가는 오랫동안 옆으로 가고 있다. 순이익은 약간씩 낮아지고 있다. 회사의 전체 모습을 보면 매출이 줄고 부채가 늘면서 자본이 줄고 있다. 이는 차입금으로 자사주를 사기 때문이다. 여전히 자산에 비해서 매출은 낮다.

　　회사의 자산구성을 보면 무형자산의 비중이 높고 그 다음은 현금 및 단기금융자산 순이다.

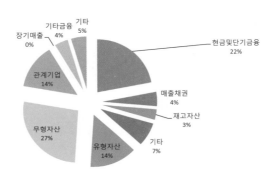

자산의 구성(2015.12)

　　매출과 이익의 움직임을 분기별로 보면 매출과 이익이 둘 다 줄어들고 있다.

매출과 이익(억달러)

매출액이익률은 비교적 높은 수준에서 약간씩 떨어지고 있다. 총 이익에서 나오는 영업이익의 수준도 약간씩 낮아지고 있다.

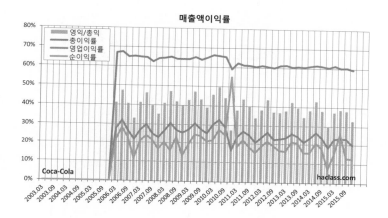

회사의 자본이익률 역시 약간씩 낮아지고 있다.

회사의 현금흐름은 여전히 좋은 편이다.

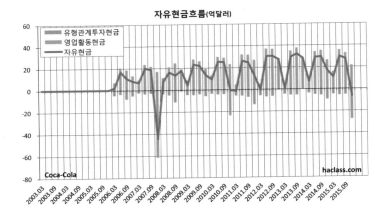

매출이 줄고 있어서 투자의 효과는 나타나지 않고 있다.

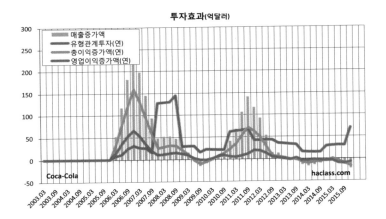

영업보고서로 보는 좋은회사 나쁜회사

[투자지표와 재무지표]

ko-us 2015.12 억달러	자산 900.9	부채 643.3	시가총액	2,012	시가/순이익	27.3	
	영업자산 666.3	자본 257.6	영업활동	105.3	시가/자본	7.8	
					시가/매출	4.6	
	영업이익 97.1	매출액 436.5	투자활동	(61.9)	배당/시가	2.9%	
						최근1년	과거 5년
	순이익 73.7		재무활동 현금증감	(51.1) (16.5)	매출/영자산	0.7	0.5
			자유현금	61.3	영현/영익	1.1	1.0
	시가총액 2,012	2016-03-29			영익/매출	22.2%	32%
					순익/매출	16.9%	24%
					영익/투하	13.9%	16%
					영익/영자산	14.6%	16%
					순익/자본	28.6%	26%
					순운전/매출	9.3%	17%
					매출증감	-5.0%	7.1%
haclass.com					영익증감	-7.7%	1.0%
					순익증감	3.4%	-9.1%

[요약]

지금 이 회사의 시가총액은 2천억 달러이다. 이를 지난 일년의 순이익과 비교하면 주가는 이익의 27~28배이다. 이것은 자본이익률보다 낮은 수준이다. 그러나 과거 매출과 이익의 성장 속도가 낮고 최근에는 매출이 줄고 있어 이 회사의 주가를 높이 평가하기는 어렵다.

캐터필러

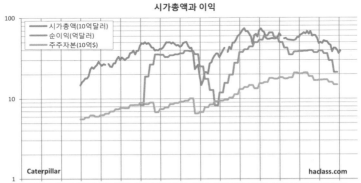

시가총액과 이익

- 시가총액(10억달러)
- 순이익(억달러)
- 주주자본(10억$)

Caterpillar   haclass.com

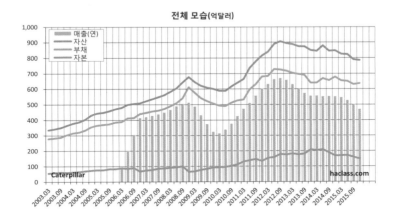

전체 모습(억달러)

- 매출(연)
- 자산
- 부채
- 자본

Caterpillar   haclass.com

이 회사의 주가는 2014년 중반부터 내려오고 있다. 그 전에는 옆으로 갔다. 순이익은 2012년 중반부터 낮아지기 시작했다.

회사의 전체 모습을 보면 매출이 2012년부터 떨어지기 시작했고
자산도 비슷한 시기부터 낮아졌다.

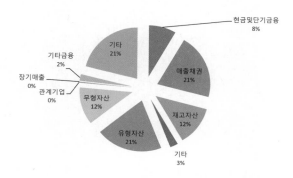

회사의 자산구성을 보면 운전자산의 비중이 제일 높다. 이것은 좋
지 않은 일이다.

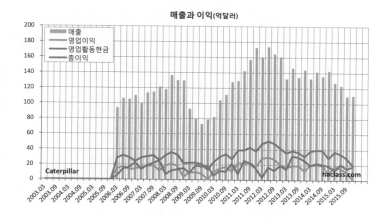

회사의 매출과 이익의 움직임을 분기별로 보면 매출과 이익이 낮아

지는 것을 확실하게 볼 수 있다.

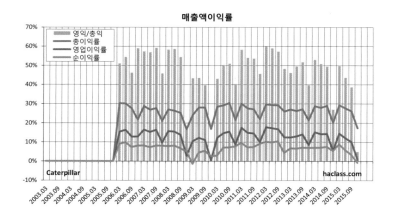

매출액이익률도 최근에 아주 빠르게 떨어지고 있다. 총이익에서 나오는 영업이익의 수준도 낮아지고 있다.

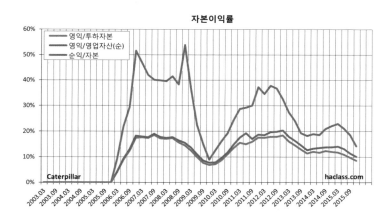

자본이익률 역시 낮아지고 있다.

회사의 사정이 이렇게 나빠지고 있으나 현금흐름은 여전히 자유현금이 흑자를 내고 있다. 회사가 현금흐름을 얼마나 중요하게 생각하는지 엿볼 수 있는 경우이다.

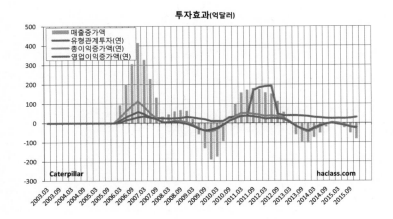

회사의 투자액에 비해서 매출이 줄고 있어 투자의 효과는 나타나지 않고 있다.

[투자지표와 재무지표]

cat-us	자산	부채	시가총액	446	시가/순이익	21.1	
2015.12	785	636			시가/자본	3.0	
억달러	영업자산	자본			시가/매출	0.9	
	704	149	영업활동	67	배당/시가	3.9%	
	영업이익	매출액	투자활동	(35)		최근1년	과거 5년
	45	470	재무활동	(39)	매출/영자산	0.7	0.3
	순이익		현금증감	(9)	영현/영익	1.5	1.1
	21		자유현금	40	영익/매출	9.6%	42%
	시가총액	2016-03-30			순익/매출	4.5%	23%
	446				영익/투하	8.6%	14%
					영익/영자산	6.4%	9%
					순익/자본	14.2%	25%
					순운전/매출	44.6%	130%
					매출증감	-14.8%	34.1%
haclass.com					영익증감	-32.7%	-3.3%
					순익증감	-43.1%	-5.2%

[요약]

지금 회사의 시가총액은 446억 달러이다. 이를 지난 일년의 순이익과 비교하면 주가는 이익의 21~22배로 자본이익률에 비해서도 많이 높다. 최근 회사의 매출과 이익이 갑자기 나빠지고 있어 장래를 짐작하기 어려운 국면이다.

페트로차이나

*아래 그림의 눈금 단위가 달러로 되어 있으나 모두 위안으로 읽어야 함.

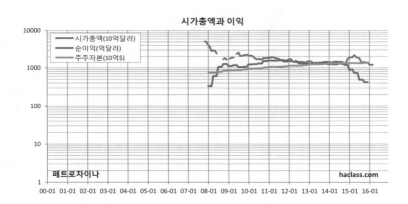

이 회사의 주가는 오랫동안 옆으로 가다 최근에 다시 떨어지고 있

다. 순이익 역시 오래 옆으로 가다 최근에 낮아지고 있다. 주가가 주주 자본 아래로 들어갔다. 회사의 전체 모습을 보면 매출이 줄고 자산도 옆으로 가고 있다. 자산과 매출의 거리는 멀어졌다.

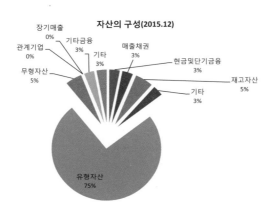

회사의 자산 구성을 보면 유형자산의 비중이 75%로 아주 높다.

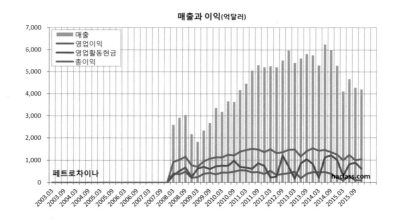

회사의 매출과 이익의 움직임을 분기별로 보면 매출이 줄고 이익

영업보고서로 보는 좋은회사 나쁜회사

도 줄고 있다.

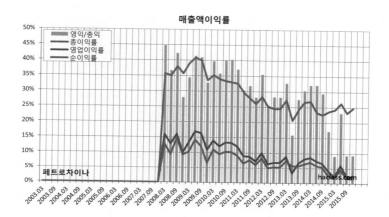

매출액이익률도 빠른 속도로 낮아지고 있다. 총이익에서 나오는 영업이익도 많이 줄었다.

자본이익률은 아주 많이 떨어져 이제는 자본 비용을 감당하지 못하고 있다.

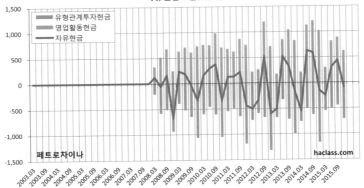

자유현금흐름(억달러)

다행히 현금흐름에서는 자유현금이 연간으로 겨우 적자를 면하고 있다.

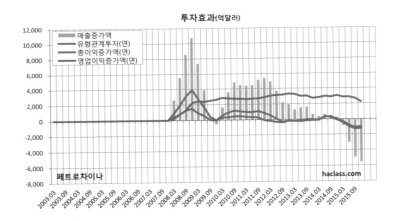

투자효과(억달러)

회사의 투자액에 비해서 매출과 이익이 줄어들고 있어 투자의 효과는 나오지 않고 있다.

영업보고서로 보는 좋은회사 나쁜회사

[투자지표와 재무지표]

601857.CH	자산	부채	시가총액	12,112	시가/순이익	28.6	
2015.12	23,940.9	10498.1			시가/자본	0.9	
억달러	영업자산	자본			시가/매출	0.7	
	22494.0	13442.9	영업활동	2613.1	배당/시가	0.0%	
	영업이익	매출액	투자활동	(2158.8)		최근1년	과거 5년
	564.3	17254.3	재무활동	(454.4)	매출/영자산	0.8	0.6
	순이익		현금증감	(10.1)	영현/영익	4.6	2.4
	423.6		자유현금	395.3	영익/매출	3.3%	13%
	시가총액	2016-03-29			순익/매출	2.5%	10%
	12,112				영익/투하	3.7%	10%
					영익/영자산	2.5%	7%
					순익/자본	3.2%	10%
					순운전/매출	-6.3%	-8%
					매출증감	-24.4%	12.9%
					영익증감	-63.3%	-21.8%
haclass.com					순익증감	-64.4%	-22.4%

[요약])

지금 회사의 시가총액은 1조 2천 위안이다. 이를 지난 일년의 순이익과 비교하면 주가는 이익의 28~29배로 높은 수준이다. 자본이익률에 비해서도 높고 최근의 매출과 이익 움직임에 비해서도 높다.

토요타자동차

*아래 그림의 눈금 단위가 달러로 되어 있으나 모두 엔으로 읽어야 함.

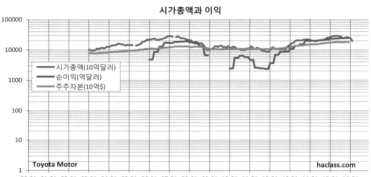

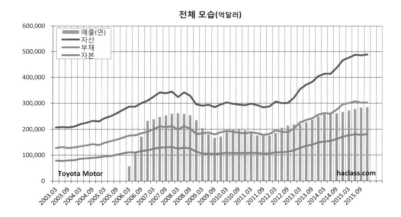

이 회사의 주가는 오랫동안 옆으로 갔다. 순이익은 한때 나빴으나
지금은 조금 회복되었다. 주가는 거의 이익의 10배 수준에서 움직이고

있다. 회사의 전체 모습을 보면 매출이 최근에 조금 늘고 있다. 이에 맞추어 자산도 늘고 있다. 여전히 자산에 비해 매출은 적다.

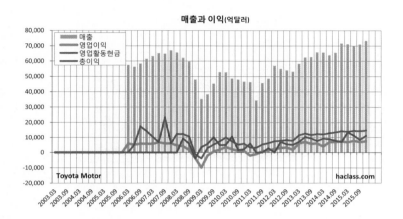

매출과 이익의 움직임을 분기별로 보면 최근 매출이 늘고 이익도 조금 늘었다.

매출액이익률은 과거보다는 조금 나아졌으나 별 변화는 없다.

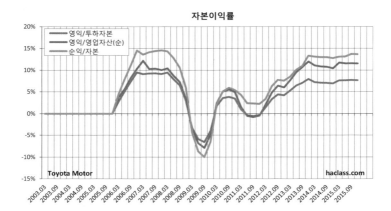

자본이익률 역시 과거에 비해서는 좋아졌다. 여전히 아직은 낮은 수준이다.

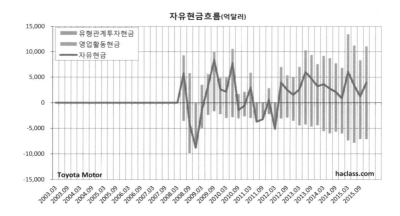

자유현금은 과거에도 흑자였다. 최근에는 투자가 늘고 있으나 여전히 흑자를 내고 있다.

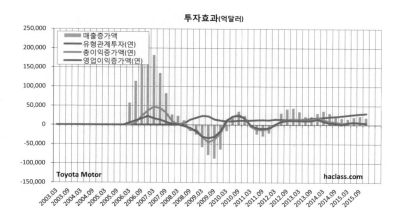

투자효과(억달러)

투자액이 조금 늘었으나 매출은 아직 이를 따라잡지 못하고 있다.

[재무상태표]

7203-jp	2014.12	2015.12	구성비	억달러	2014.12	2015.12	구성비
자산총계	467,222	489,230	100%	부채총계	295,941	302,971	62%
유동자산	170,166	181,795	37%	유동부채	160,761	164,924	34%
현금및단기금융	45,406	52,132	11%	단기차입금	92,671	94,326	19%
매출채권	88,274	84,905	17%	매입채무	21,585	21,543	4%
재고자산	21,338	21,047	4%	기타	46,504	49,054	10%
기타	15,149	23,712	5%	비유동부채	135,180	138,048	28%
비유동자산	297,056	307,434	63%	장기차입금	99,830	101,506	21%
유형자산	90,097	98,493	20%	기타	35,350	36,541	7%
무형자산	–	–	0%	주주자본	171,281	181,479	37%
관계기업	25,830	26,550	5%	지배주주	163,161	172,874	35%
장기매출	–	–	0%	비지배주주	8,121	8,605	2%
기타금융	77,588	80,138	16%				
기타	103,541	102,254	21%				

순운전/매출	33.0%	29.6%	총익/순영업자산	21.8%	22.9%	
차입금/매출	72.1%	68.6%	영익/투하자본	6.9%	7.6%	
매출액/순영업자산	1.1	1.1	영활현금/매출	12.2%	15.5%	

재무상태표를 보면 순운전자산의 비중이 조금 높고 차입금의 비중이 높다.

[투자지표와 재무지표]

7203-jp	자산	부채	시가총액	207,724	시가/순이익	8.4	
2015.12	489,230	302,971			시가/자본	1.1	
억달러	영업자산	자본			시가/매출	0.7	
	356,960	181,479	영업활동	44,140	배당/시가	3.4%	
	영업이익	매출액	투자활동	(44,962)	최근1년 과거 5년		
	28,764	285,509	재무활동	2,962	매출/영자산	0.8	0.5
	순이익		현금증감	881	영현/영익	1.5	3.5
	24,748		자유현금	14,554	영익/매출	10.1%	9%
	시가총액	2016-03-30			순익/매출	8.7%	8%
	207,724				영익/투하	7.6%	5%
					영익/영자산	8.1%	5%
					순익/자본	13.6%	8%
					순운전/매출	29.6%	51%
					매출증감	7.0%	21.3%
					영익증감	14.8%	46.5%
haclass.com					순익증감	13.4%	56.7%

[요약]

지금 이 회사의 시가총액은 20조 8천억 엔이다. 이를 지난 일년의 순이익과 비교하면 주가는 이익의 8~9배 수준이다. 이 회사의 자본이 익률과 비슷한 수준이다. 주가이익배수는 낮지만 앞으로의 위험 정도를 고려하면 지금의 주가는 적정한 수준으로 보인다.

대만기업

타이완반도체

*아래 그림의 눈금 단위가 달러로 되어 있으나 이는 모두 타이완달러로 읽어야 함.

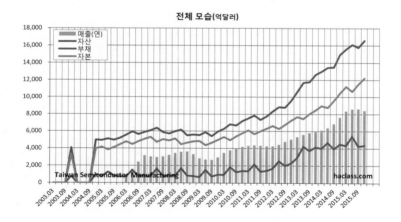

이 회사의 주가는 장기로 약간 상승한 후 지금은 옆으로 가고 있다. 순이익 역시 비슷한 그림을 그리고 있다. 주가는 이익의 약 10배 수

준이다. 회사의 전체 모습을 보면 매출이 올라간 후 지금은 약간 조정을 받고 있다. 자산은 자본과 같이 늘어났다. 자산과 매출의 거리는 많이 벌어졌다.

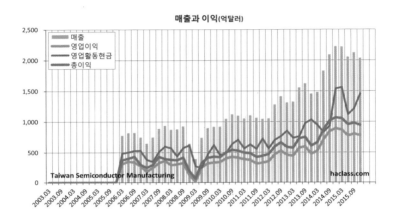

매출과 이익의 움직임을 분기별로 보면 최근 매출이 조정을 받고 있다. 이익도 그러하다. 그러나 영업활동현금은 총이익보다 더 높다. 잘 일어나지 않는 일이다.

회사의 매출액이익률은 아주 높은 수준이다. 그리고 아주 안정되어 있다. 총이익에서 나오는 영업이익의 수준도 높다.

자본이익률 역시 높은 수준이며, 대체로 안정되어 있다.

이 회사의 자유현금 역시 비록 투자가 약간 늘었지만 여전히 많은 흑자를 내고 있다.

매출액이익률

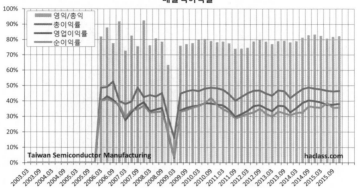

자본이익률

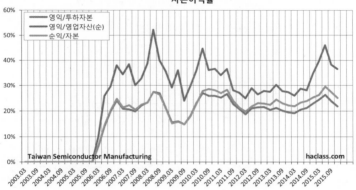

자유현금흐름(억달러)

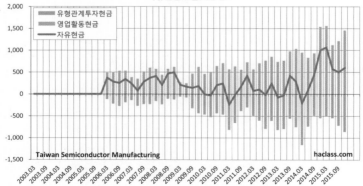

투자효과(억달러)

- 매출증가액
- 유형관계투자(연)
- 총이익증가액(연)
- 영업이익증가액(연)

Taiwan Semiconductor Manufacturing   haclass.com

최근에 매출이 줄어서 투자액에 비해서 매출증가 정도가 낮다. 과 거에도 투자에 비해 매출의 증가는 낮았다.

[재무상태표]

2330-tw	2014.12	2015.12	구성비	억달러	2014.12	2015.12	구성비
자산총계	14,951	16,575	100%	부채총계	4,495	4,349	26%
유동자산	6,266	7,467	45%	유동부채	2,010	2,122	13%
현금및단기금융	4,372	5,863	35%	단기차입금	362	630	4%
매출채권	1,152	857	5%	매입채무	219	186	1%
재고자산	663	671	4%	기타	1,430	1,307	8%
기타	78	77	0%	비유동부채	2,484	2,227	13%
비유동자산	8,686	9,108	55%	장기차입금	2,145	1,920	12%
유형자산	8,182	8,535	51%	기타	339	307	2%
무형자산	135	141	1%	주주자본	10,457	12,226	74%
관계기업	283	241	1%	지배주주	10,455	12,217	74%
장기매출	–	–	0%	비지배주주	1	10	0%
기타금융	22	113	1%				
기타	64	78	0%				
순운전/매출	20.9%	15.9%		총익/순영업자산	42.3%	44.7%	
차입금/매출	32.9%	30.2%		영익/투하자본	22.9%	21.8%	
매출액/순영업자산	0.9	1.0		영활현금/매출	55.7%	63.4%	

이 회사의 재무상태표를 보면 유형자산이 약 절반이고 현금 및 단기금융자산의 비중도 높은 편이다.

[투자지표와 재무지표]

2330-tw	자산	부채	시가총액	41,230	시가/순이익	13.4	
2015.12	16,575	4,349			시가/자본	3.4	
억달러	영업자산	자본			시가/매출	4.9	
	10,598	12,226	영업활동	5,346	배당/시가	2.8%	
	영업이익	매출액	투자활동	(2,250)		최근1년 과거 5년	
	3,219	8,435	재무활동	(1,135)	매출/영자산	0.8	0.9
	순이익		현금증감	2,044	영현/영익	1.7	1.6
	3,066		자유현금	2,741	영익/매출	38.2%	28%
	시가총액	2016-03-31			순익/매출	36.3%	26%
	41,230				영익/투하	21.8%	21%
					영익/영자산	30.4%	25%
					순익/자본	25.1%	23%
					순운전/매출	15.9%	13%
					매출증감	10.6%	8.0%
					영익증감	8.4%	15.1%
haclass.com					순익증감	16.2%	13.6%

[요약]

지금 이 회사의 시가총액은 4조 1천 타이완달러이다. 이를 지난 일년의 순이익과 비교하면 주가는 이익의 13~14배이다. 자본이익률에 비해서는 낮은 수준이다. 비록 최근 매출과 이익이 정체하고 있으나 이 회사의 자본이익률 수준이 안정되어 있어서 지금의 주가는 회사의 실력에 비해서 약간 낮은 수준으로 보인다.